京大人文研東方学叢書 1

韓国の世界遺産 宗廟

王位の正統性をめぐる歴史

矢木 毅 著

臨川書店

はじめに

ソウルの地下鉄一号線・鍾路《チョンノ》三街《サムガ》駅から東に少し歩いたところに宗廟《そうびょう》がある。宗廟とは王室の祖先神を祀《まつ》る霊廟のことで、これは王国の土地神・穀物神を祀る社稷《しゃしょく》とともに、王朝国家の最も重要な祭祀施設として位置づけられていた。中国の古典に見える「左祖右社（祖を左とし、社を右とす）」のプランに従って、朝鮮王朝では王宮の東（南面して左側）に宗廟（祖）を建て、西（南面して右側）に社稷（社）を建てたが、これは儒教に基づく理想国家建設のための第一歩であった。

また中国の藩属国であった朝鮮では、中国の古典に見える「天子七廟」、「諸侯五廟」の制度に従って、当初、五室の宗廟を建てた。本来、それぞれの祖先神には個々に独立した霊廟を建てなければならないが、中国では後漢の明帝以後、経費節減の意味もあって後嗣の廟は建てず、歴代の皇帝を太廟《たいびょう》（太祖の廟）に間借りして祀っている。朝鮮でもこの「同堂異室」の制度を採用して、太祖以下の歴代の国王の位牌を一つの廟のなかに奉安していたのである。

しかしながら、五百年の歴史をもつ朝鮮王朝においては、歴代国王の位牌は当然五室では収まりきらない。世代の遠ざかった王の位牌は、太祖以外、順次、宗廟から遷《うつ》して永寧殿《えいねいでん》と呼ばれる別廟に奉安されることになっていたが、特に功徳《こうとく》のあった王については特例として世室《せいしつ》に指定し、そのまま宗廟にとどめることも許されていた。世室とは「百世不遷《ひゃくせいふせん》」、つまり永遠に宗廟に祀り続ける祭室のことをいう

写真１　宗廟前の下馬碑（ソウル・宗廟）2009年２月撮影

「至此／大小人員下馬碑」宗廟の門前に至った者は、ここで一旦下馬しなければならない。

のである。

本来例外であったはずの世室は、朝鮮後期においてはさまざまな事情から数多く濫造され、宗廟は五室どころか十九室の祭室が横一列に並んだ、全長百一メートルの長大な建物にまで発展して今日に至っている。本書はこの世室の問題など、宗廟の祭祀をめぐって繰り広げられた儒教知識人たちのさまざまな議論を紹介することを目的とするが、おそらくほとんどの読者にとっては見慣れない漢字や用語が続いて少々辟易されるむきも少なくはないものと思う。なるほど、現代社会に生きる私たちにとってはもはや別世界の迂遠な議論が多いものの、宗廟の祭祀こそは徳治主義（礼教による統治）を標榜する当時の知識人たちにとっての政治の核心であった。本書ではその特質について考えてみたい。

さて、私が初めて宗廟を訪れたのは一九九四年七月。北朝鮮の金日成《キムイルソン》主席が亡くなった直後のことで何となく不安を抱えての旅であったが、ソウルの街中はその不安をあっさりと吹き飛ばすほどにエネルギッシュに沸き立っていた。しかし、ソウルの雑踏のなかに位置する日盛りの宗廟にはこれといって訪れる人影もなく、敷石の隙間からは夏草が茫茫《ぼうぼう》と生え茂って、そぞろに黍離《しょり》・麦秀《ばくしゅう》の感（亡国の悲哀）を受けたものだ。

　ところが二〇〇九年二月、久しぶりに春浅い宗廟を訪れてみると、ところどころに残る雪で盛んに悪戯をしている校外学習の小学生の団体やら、折からのウォン安で殺到した日本人観光客やらで大層な賑わいである。ユネスコ世界遺産としての登録が一九九五年、それから随分と整備も進んでいる。さらに二〇一五年九月、本書の執筆に備えて重ねて宗廟を訪ねてみると、そこでは折よく宗廟の雅楽を実演するイベントが開かれていて、役者さん扮する朝鮮太祖とその片腕であった鄭《てい》道伝《どうでん》とが、朝鮮建国の理念を熱心に語り合っていた。

　歴史は常に生まれ変わっていく——そうしたありきたりの感慨を出発点として、これから世界遺産・宗廟の歴史を読者のみなさんと一緒に読み解いていくことにしよう。

写真2　寸劇の一コマ（ソウル・宗廟）2015年9月撮影
太祖と鄭道伝の対話の場面

凡例

一、本書では宗廟の祭祀を「祭り」と書いたり、「祀り」と書いたりするが、特に区別があるわけではない。強いて言えば、祭とは「際」、すなわち人と神とが相接すること。祀とは「似」、あたかも先人に見《まみ》えるように祭ることを意味するが、要は神様をおまつりする意であることに変わりはない。

一、朝鮮時代の紀年法は踰年称元《ゆねんしょうげん》の法に従っている。したがって、某王の何年という場合は当該の王の即位の翌年を元年とする。

一、朝鮮国王のことは太祖、太宗などの廟号《びょうごう》で呼ぶ。もちろん、これは王が亡くなってから贈られる称号であるが、生前の事蹟に言及する場合においても、これを便宜的に使用することとする。

一、廟号は変更される場合がある。たとえば、宣祖、英祖、正祖の当初の廟号は、それぞれ宣宗、英宗、正宗といった。これらについては今日一般に通行している最終の廟号を用いることとするが、必要に応じて当時の呼称をそのままに用いた場合もある。

一、宗廟に祀られるものは国王だけではない。夫婦は一体のものであるから、国王とともにその正室である王妃もまた宗廟に祀られている。もっとも、王妃というのは生前の称号であって、死後には諡号《しごう》（生前の徳を讃える称号）によって「〇〇王后」と呼ばれる。このほか、生前に贈られる尊号などもあって、王妃の呼称はさまざまに変化するが、本書ではおおむね諡号によって「〇〇王后」と表記し、必要に応じて姓氏を付す。たとえば世祖妃であれば「貞熹王后尹氏」といった具合である。諡号はもちろん亡くなってからの称号であるが、生前の事蹟に言及する場合においてもこれを便宜的に使用することとしたい。

一、王妃の実家の勢力、いわゆる外戚について論じる場合にはその本貫（本籍地）によって慶州金氏、安東金氏などと記す。

一、王妃は一般に国王より長命であるが、王妃が先に亡くなった場合は、王が亡くなるのを俟って王と一緒に宗廟に祀る。王妃についても論じるべき問題は多いが、本書においてはその一部のみを取り上げ、他は省略に従うこととする。

一、人名および難読の漢字には適宜ルビをつける。朝鮮の人名についても前近代の人物については日本語読みでルビをつける。

一、本書に掲載する写真は、すべて著者が直接に撮影したものである。

朝鮮王室系図

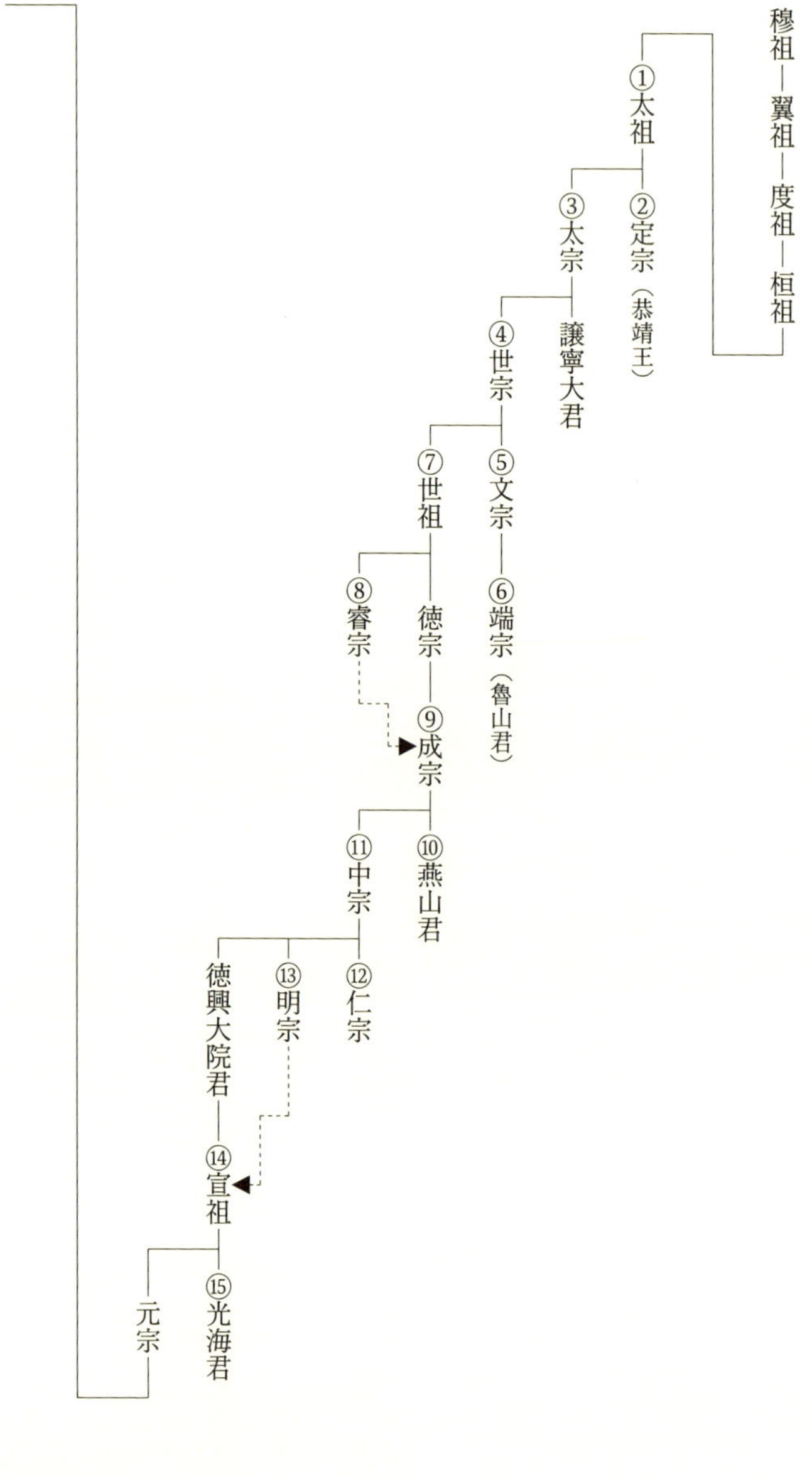
穆祖
翼祖
度祖
桓祖
①太祖
②定宗（恭靖王）
③太宗
譲寧大君
④世宗
⑤文宗
⑥端宗（魯山君）
⑦世祖
徳宗
⑧睿宗
⑨成宗
⑩燕山君
⑪中宗
⑫仁宗
⑬明宗
徳興大院君
⑭宣祖
⑮光海君
元宗

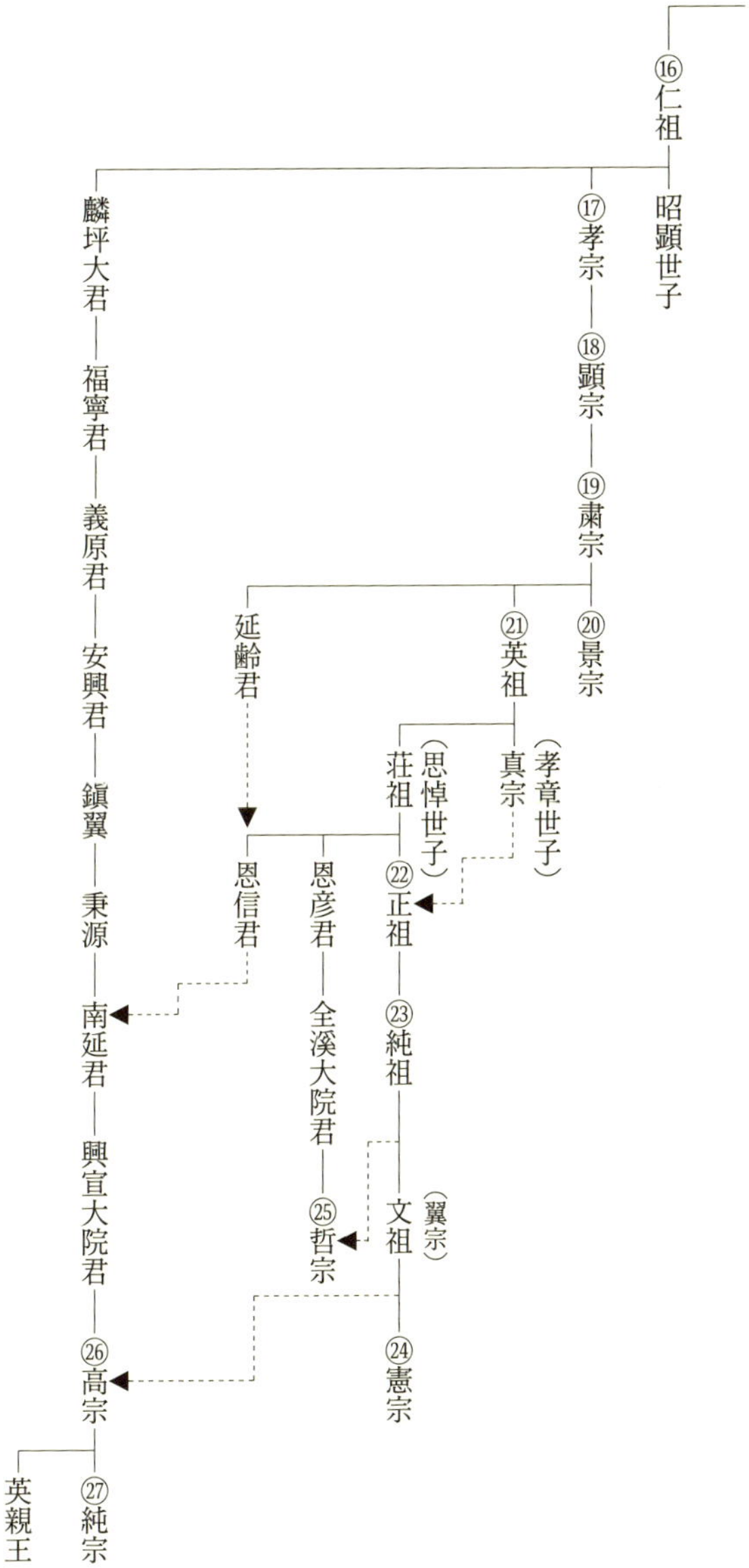

＊丸数字は即位の順序を示す。また実線は父系の血縁関係を示し、破線の矢印は養子縁組の関係を示す。

目次

第一章　朝鮮王朝と宗廟

宗廟とは歴代の王および王妃の位牌を祀る霊廟であり、その変遷は王朝国家の歴史そのものといっても過言ではない。あらまし五百年にもおよぶ朝鮮王朝の長い歴史のなかで、宗廟の制度がどのように形成され、運用されていたのかについて、本章ではまずその概略を述べることにしよう。

第一節　宗廟の沿革——いつ建てられたのか

新しい首都の建設

太祖元年(一三九二)、高麗《こうらい》の武臣・李成桂《りせいけい》は国王(恭譲王)を追放し、権知高麗国事として事実上の王位に即いた。ついで中国・明朝に使臣を遣わし、即位の承認を求めるとともに、「朝鮮」、「和寧」という二つの国号の案を示して明の洪武帝《こうぶてい》の選定を請う。洪武帝は第一候補である朝鮮を選び、ここに高麗国は朝鮮国《ちょうせんこく》とその名称を改めることになった。これが建国の翌年、太祖二年(一三九三)のことである。

かくして朝鮮国王となった李成桂——もっとも、朝鮮国王が明朝から正式に冊封を受けるのはもう少し後の太宗元年(一四〇一)のことで、その間にはいろいろと複雑な外交問題も発生している——は、即位にともなって諱《いみな》を旦《たん》と改めているが、これは孔子の理想とした周公旦(文王の子で武王の弟。おいの成王を輔佐して周の礼楽制度を定めた人物)の諱であり、かつ「旦」とは「朝」の意であるから新たな国号である「朝鮮国(朝の鮮やかな国)」の縁語でもある。ちなみに、正月一日のことを正旦というが、朝鮮では「旦」字が太祖の諱に当たるところから、この字を避けて正旦を正朝ということが多い。
李成桂、改め太祖・李旦《りたん》は、次に新首都の建設に着手する。高麗の首都・開京（今の開城《ケソン》）は、やはり何といっても旧勢力の拠点。人心を刷新する意味でも新しい王朝に相応しい新しい首都を建設する必要がある。いくつかあった候補のうち、最終的に選ばれたのは、高麗時代にもしばしば遷都の議論の対

写真１−１　（上）景福宮（ソウル）2015年９月撮影。
（下）光化門（ソウル・景福宮）2015年11月撮影。

景福宮は白岳の陽に建つ朝鮮王朝第一の王宮。太祖４年（1395）に創建されたが、壬辰倭乱によって焼失。その後長く放置されていたが、高宗２年（1865）より重建に着手し、高宗５年（1868）に至って竣工した。光化門はその正門。後ろのほうには今日の大統領府（青瓦台）の青瓦も見えるが、モノクロ写真ではお伝えできないのが残念。

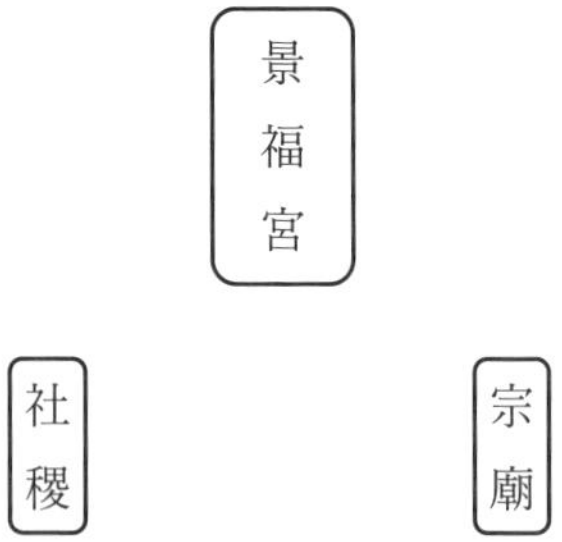

図1－1　左祖右社（概念図）

象となった漢陽《かんよう》の地、すなわち今日のソウルにほかならない。

新首都の造営は太祖三年（一三九四）八月に始まり、同年十月には、まだ十分に工事も進まないうちに早くも都を漢陽に遷す。新首都の行政名は、翌太祖四年（一三九五）に漢城府《かんじょうふ》と改称され、ここに今日のソウルの基礎が定まった。

左祖右社

計画都市として建設されたソウルには、その平面プランに、ある明確な理念が組み込まれている。中国の古典（『周礼』冬官、考工記、匠人の条）によると、帝王の理想的な住まいは、

左祖右社（祖を左とし、社を右とす）

面朝後市（朝を面《おもて》とし、市を後《うしろ》とす）

という二つの条件を満たさなければならない。このうち「左祖右社」というのは「祖（宗廟）」を東（南面して左側）に建て、「社（社稷）」を西（南面して右側）に建てるという意味で、事実、朝鮮では王宮（景福宮）の東に「宗廟（祖）」を建て、西に「社稷（社）」を建てていることが確認できる。

ただし、もう一方の「面朝後市（朝を面とし、市を後とす）」については、古典のプランどおりに建設することはできなかった。「面朝後市」とは王宮の正面（南）に朝廷——百官の集う広場——を設け、後方（北）に民衆の集う市場を建てる、という意味であるが、朝鮮では当時の風水思想に基づき、「白《はく》岳《がく》の陽《みなみ》」の明堂《めいどう》の地（風水の「気」の集まるところ）に王宮を定めたために、まさか北側の山の斜面に「市」

写真１−２　宗廟（ソウル・宗廟）2015年９月撮影

写真１−３　社稷壇（ソウル・社稷公園）2015年９月撮影

社稷壇は社壇と稷壇の総称。写真は北からのアングルで、中央左側（東）に社壇、右側（西）に稷壇がある。社壇には土地神を祀り、稷壇には穀物神を祀る。

を建てることはできなかったのである。

このように、ソウルの平面プランは儒教思想と風水思想との、いわば折衷型となっていたわけであるが、少なくとも宗廟については、それが初めから儒教思想の理想的なプランを踏まえて、そのプランどおりの位置に建設されているという事実に、まずは注目しておかなければならない。

宗廟の焼失と再建

宗廟の建物は太祖四年（一三九五）に完成したが、完成当初の宗廟は「大室七間《けん》」で「同堂異室」、内に「石室五間」を作ったというから、この「石室五間」が本来の祭室で、残りの二間（東西虚室）は予備の祭室であろう（『太祖実録』四年九月庚申条）。

当初の七間の宗廟は、その後、明宗元年（一五四六）に四間が増設されて十一間となる。ところがこの十一間の宗廟は、宣祖二十五年（一五九二）に勃発した壬辰《じんしん》倭乱《わらん》（文禄の役）によって一旦すべて焼失してしまった。

日本軍の破竹の侵攻により、当時の国王宣祖《せんそ》は早々とソウルを放棄し、開城・平壌・義州へと順次逃亡していったが、この怱々《そうそう》の際にも国王は宗廟・社稷の位牌を持ち出すことを忘れてはいない。宗廟・社稷の位牌は、ある意味では人々の命よりも大切に扱われていたのである。

ひとまず鴨緑江のほとりの義州にまで落ち延びた宣祖は、その後、明朝からの援軍を得て宣祖二十六年（一五九三）にソウルへの帰還を果たすが、歴代の国王の位牌はこれを奉安する建物がなくなってしまったために、しばらく寄せ集めの建材で長生殿《ちょうせいでん》を建ててこれを当座の奉安の場所に充てた（『清臺日記』粛宗四十六年四月二十三日条）。長生殿というのは王室で使用する柩をあらかじめ製作して保管しておくための施設である。その後、宣祖三十六年（一六〇三）に至って宣祖は焼失した宗廟の再建を命令したが、それが完成したのは当の宣祖が亡くなった年、すなわち光海君即位年（一六〇八）のことであった。

このとき再建された宗廟は焼失前と同じく十一間であったが、その後も宗廟は祭室の増加に伴って増築を重ねた。具体的には、英祖二年（一七二六）に四間を増築して十五間となり、憲宗二年（一八三六）にさらに四間を増築して十九間となった。これが今日私たちの目にする宗廟の建物にほかならない。

宗廟とは歴代の王（および王妃）の位牌を祀る霊廟である。したがって、亡くなった王の数が増えれば祭室も増え、建物が増築されていくのは当たり前……とお考えの向きもあるかもしれないが、それは儒教の理想とする祖先祭祀のあり方とは少し違う。祭室の「数」の問題、およびそのレイアウトの問題については、後に改めて検討することにしよう。

第二節　宗廟の祭祀――なにを祀るのか

祭室の構成に関する議論は後回しとして、まずは宗廟における祖先祭祀のあり方について簡単に整理しておかなければならない。

写真１－４　宗廟の祭室（展示模型）2009年２月撮影

黄色い幔幕が張られているのは大韓帝国の制度で、もとは紅幔が張られていた（モノクロ写真ではお伝えできないのが残念）。

魂と魄

王様であれ庶民であれ、人が亡くなるとその精神は魂《こん》と魄《はく》とに分離し、魂は天に上るが魄は亡骸《なきがら》とともに土に還る。人間が死ぬということは、つまりは魂と魄とが分離するということである。

しかし分離した魂と魄は、子孫が真心を込めて祭祀を執り行いさえすれば、位牌を憑代《よりしろ》として再び合体し、霊的な復活を遂げることができる。そこで子孫は年に五回、四孟月《しもうげつ》（陰暦の正月・四月・七月・十月）および臘日《ろうじつ》（十二月）に五享大祭《ごきょうたいさい》と呼ばれる定例の祭祀を行い、また毎月の朔望《さくぼう》（一日と十五日）および正朝、寒食、端午、秋夕などの俗節（四名日）においても小規模な祭礼を行い、祖先の魂・魄を呼び寄せて祖先神との霊的な交流を図ろうとした。

具体的には、まず晨祼《しんかん》と呼ばれる一連の手続きがあり、憑代となる位牌の前に香を焚くと、その香りに引き寄せられて天から魂がふらふらと舞い戻ってくる（上香）。次に香り酒を地に注ぐ（祼鬯《かんちょう》。祼《かん》は灌ぐ意）。祭室の床には、実は小さな穴があけられていて、そこから大地に香り酒を注ぎ落すという仕組みである。すると、その香りに引き寄せられて、今度は大地から魄が這い上がってくる。そうして魔除けの幣《ぬさ》を置いて場を清めてやる（奠幣《てんぺい》）。すると魂と魄とが位牌を憑代として合体し、祖先神はめでたく復活を遂げる。位牌は祖先の霊の憑代であるので、これを神主《しんしゅ》というのである。

かくして復活した祖先神に対し、お食事を勧め（饋食《きしょく》）、お酒を勧める（献爵《けんしゃく》）。祖先神がそれを飲み食いすると、その霊力がパワーアップして子孫を力強く守ってくれる。かくして祖先神が飲み食いした奉げ物には祖先神の霊力が宿っているので、今度は子孫が「なおらい」としてそのお下がりをいただき（飲福《いんぷく》）、これによって祖先神と子孫との霊的な交流が完結する。

一体、祖先祭祀というと、死を忌み嫌う現代人は何やら陰気な印象をもつが、もともとそれは決してネガティブなものではない。むしろ子孫が祖先神から霊的なパワーを分け与えてもらうための「お祭り」である。だからこそ、宗廟の祭祀は五礼（吉・凶・軍・賓・嘉）のなかの「吉礼」として位置付けられているのである。

宗廟の舞楽

宗廟の祭祀は目出度い「お祭り」であるから、そこには音楽や舞いも伴っている。宗廟の庭には縣楽《けんがく》とよばれる楽団が配置され、殿上には登歌《とうか》とよばれるコーラス隊が配置されて、祭祀の折々に厳かな雅楽が奏でられる。天子（皇帝）の楽は四面に楽器を縣けるので宮縣《きゅうけん》といい、諸侯（国王）の楽は三面にのみ楽器を縣けるので軒縣《けんけん》という。また佾舞《いつぶ》とよばれる舞子が雅な所作で踊りを奉納するが、このうち文舞は手に羽籥《うやく》（きじの羽と笛）をもち、武舞は手に干戚《かんせき》（盾とまさかり）をもつ。天子の祭りには八×八＝六十四人の佾舞を用いるのでこれを八佾《はちいつ》といい、諸侯の祭りには六×六＝三十六人の佾舞を用いるのでこれを六佾《ろくいつ》という。

礼制上、朝鮮は明・清の皇帝から冊封を受けた諸侯の国であるから、宗廟の祭祀には当然に軒縣を用い、また六佾を用いていた。しかし大韓帝国期に入ると朝鮮でも皇帝の礼を用い、宗廟においても宮縣、八佾を用いることになる。

それは要するに、楽器・楽人・舞人などの多寡の問題にすぎない。しかしこの「数」の問題にこそ、当時の儒学者たちは特別な意義を認めていたのである。

祔廟

祖先を祀る霊廟があって、そこに亡くなった子孫の霊を次々に合わせ祀る。このように、後から来た子孫の霊を祖先の霊と一緒に合わせ祀ることを陞祔《しょうふ》というが、陞とは上す意、祔とは祖先と合わせ祀る意で、かくして宗廟に陞祔することを祔廟《ふびょう》という。祔廟は新たに加わった子孫の霊を祖先の霊と一緒に合わせ祀る極めて重要な祭礼であって、それは通例、亡くなった年の翌々年に、いわゆる「三年の喪」が明けてから行われる。この点については中国の古典の注釈（陳澔『礼記集説』檀弓篇注）に、

三年の喪畢わりて、四時の吉祭に遇えば、而《すなわ》ち新主を奉じて廟に入れる。

と説明されているとおりである。

宗廟の祭祀は祖先と子孫が霊的な交流を行う「吉礼」であった。したがって祔廟の儀式も、なるほどそれ自体は「成服《せいふく》（喪服を着る）」、「小斂《しょうれん》（死者に帷子を着せる）」、「大斂《だいれん》（死者を棺に入れる）」、「虞祭《ぐさい》（埋葬後に肉体を失って戸惑っている霊を慰めるための祭祀）」、「卒哭《そつこく》（哭くことをやめる）」、「小祥《しょうしょう》（一周忌）」、「大祥《だいしょう》（三周忌）」、「禫祭《たんさい》（喪明け）」、「釈服《しゃくふく》（喪服を脱ぐ）」と続く一連の「凶礼」の最後の段階に位置付けられているものの、内容それ自体としては吉礼である。だからこそ、それは物忌みの期間である三年の喪が明けるのを待って、純粋な吉礼として挙行されることになっていたのである。

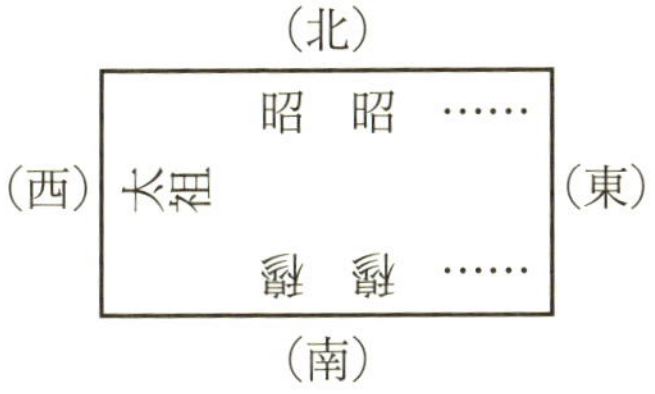

図１−２　祫祭（概念図）

殷祭

宗廟に祀る祖先神の数については、天子であれば「七廟」、諸侯であれば「五廟」というのが一応の決まりである。建前としては、これらを個々別々の「廟」で祀るわけであるが、実際には「同堂異室」の制度を採用して、いわば集合マンションのなかのそれぞれの祭室において個別に祭祀を行っていた。しかし別々に祀っているだけではやや一体感に欠ける憾みがある。そこで三年に一度「祫《こう》」というお祭りを行い、五年に一度「禘《てい》」というお祭りを行う。「祫」とは「合祭」の意。「祫」と「禘」の区別については色々な説があるが、ともかく祖先神を一緒にお祭りする大祭であることには変わりはない。この種の大祭を総じて殷祭《いんさい》という。

殷祭の場合、特に祫祭においては世代の遠く離れた祖先の位牌もすべて太祖の廟に集めて一堂に祀る。具体的には、まず太祖の位牌が上座である西に位置して東向し、子孫の位牌は太祖からみて左側(北側)と右側(南側)に分かれて並び、一方は南向、一方は北向して相互に対面する。左側(北側)の列を「昭《しょう》」といい、右側(南側)の列を「穆《ぼく》」といって、それぞれ太祖の位牌に近いほうから順番に位牌を配列する。具体的には、太祖の次の二代目が左側(昭)の第一の席につき、三代目が右側(穆)の第一の席、四代目が左側(昭)の第二の席、五代目が右側(穆)の第二の席につく。このように、殷祭では始祖(太祖)をはじめとする歴代の位牌が世代ごとに配列されるので、これによって王室の世代間の尊卑が整然と示されることになるはずであった。

もっとも、それを実際に行うことは必ずしも容易ではない。なぜ難しいのかということは後々の章で追々と論じることにするが、ともかく容易ではないので、実際には昭穆の配列をやめて、歴代の王の位牌はそれぞれの祭室で別々に祭る。

このため朝鮮の宗廟には、位牌を奉安する祭室(寝)はあってもそれを一堂に集めてお祭りするための祭殿(殿)がない。いわゆる「有室無殿」の状態である。しかも、個々の王は独立した廟を与えられずに太祖の廟、すなわち太廟に間借りをしている「同堂異室」の制度である。

中国では後漢の明帝以降、経費節減の意味もあって同堂異室の制度を採用し、個々に独立した廟を建てることをやめていた。朝鮮の宗廟もまたこの中国の制度にならったものであるが、この点については中国でも朝鮮でも後世の儒学者たちの批判が絶えなかった。

古代の理想的なプランに照らしてみると、当時の宗廟の制度は、はなはだ不完全なものであったと言わざるを得ない。

挙動

宗廟は王宮の東（南面して左側）に建っている。したがって王は宗廟の祭祀を行うために、一旦王宮を出て宗廟にまで出向かなければならない。もちろん都城のなかであるから大した距離ではない。今日でも景福宮から宗廟までの距離であれば、地下鉄に乗らずとも歩いて観光する人も多いことであろう。とはいえ国王のお出ましとなれば、現代の私たちのように身軽に歩いていくというわけにはいかない。

国王の行啓のことを挙動《きょどう》という。まず漢城府の官員は挙動の前日までに道筋の道路をきれいさっぱりと清掃しておかなければならない。当日、王はまず「てごし（輦）」に乗って御殿を出、「くるま（輅）」に乗り換えて宗廟に向かう。着いたら着いたで、再び「くるま（輅）」を降りて「てごし（輦）」に乗る。基本的に、王が地べたを歩くということはない。王宮への帰りにもこれを繰り返すが、その道すがら、宗廟の門前（洞口）では様々な見世物（儺礼雑戯）が繰り広げられる。また王宮前の鍾楼の辺りでは国立の儒学校である成均館《せいきんかん》の生徒らが歌謡を奉げ、恵政橋の辺りでは宮中舞楽を掌る教坊の楽人らが歌謡を奉げる。これらは王に奉げる儀礼であると同時に、沿道の庶民たちにとっても滅多には観ることのできない一大ページェントであった。

旧韓末にこの種の挙動を見学した西洋人の記述――たとえばランドーの『朝鮮――朝の鮮やかな国』第十七章や、イザベラ・バードの『朝鮮とその隣国』第三章など――は、王の挙動を出迎える当時の庶民たちの熱狂ぶりを鮮やかに伝えている。

頒教と恩赦

王宮に還った国王は、宗廟の祭礼を無事に終えたことを百官とともに祝う。特に、大切な祔廟の祭礼を終えた際には、その締めくくりに王命文書（教書）を頒布し、先王の喪が明けてその位牌を宗廟に奉安したことを全国民に告知するとともに、その喜びを分かち合う意味で大々的に恩赦を行う。祔廟それ自体は凶礼の一環であるが、同時に「莫大の慶事」としても位置付けられていたのである。

恩赦においては特に重大な「十悪」以外のすべての罪について、発覚・未発覚を問わずその罪を赦し、同時に祭礼に参与した官人たちに対してはその功労に応じて官位の昇進を認める。官人たちにとってはこれこそが祔廟の最大の恩恵であり、またその手続きに当たる胥吏《しょり》たちにとっては生活の糧となる手数料の格好の稼ぎ時となる。

こうしてみると、国王がその祖先神を祀ることは、まことに「ご利益」の多い事業であった。しかしその負担は巡り巡って、結局は庶民たちの肩に担わされることになるのである。

第三節　宗廟と王陵――お墓との違い

王の墓（山陵）

宗廟とは歴代の王および王妃の位牌を祀る霊廟である。しかし霊廟といっても、それは「墓」ではない。そもそも王や王妃のお墓は山陵とよばれ、それらはソウルの郊外各地に個別に存在している。以前、とある旅行代理店の広告に、「歴代国王の遺灰を祀る宗廟」と書いてあるのをみてびっくりした記憶があるが、もちろんこれは「位牌」の誤り。そもそも朝鮮時代の国王は土葬されていたから、山陵ならぬ宗廟に「遺灰」が存在するはずもないのである。

写真１－５　江華支石墓（京畿道・江華郡）2010年２月撮影
長さ６メートル余りの巨石をかぶせた石室。もともとは盛り土でおおわれていたはずであるが、長い年月を経てすべて流失してしまっている。

山陵とは王の亡骸を納める奥津城であり、これを風水の用語では陰宅《いんたく》という。朝鮮における墓の歴史は先史時代にまでさかのぼり、朝鮮半島には各地に巨大な支石墓（ドルメン）が存在して、これらも今日では世界遺産に指定されている。

墓には死者の亡骸が納められるが、その肉体は朽ち果てても「骨」は残る。この骨に何かしらの霊的な力を認め、その力を墓に封じ込めてコントロールしつつ、その霊的なパワーによって子孫のこの世での繁栄を祈る……というのが、いわゆる風水の思想の根幹であるが、こうした発想は遠く支石墓の時代にまでさかのぼるもので、それは合理主義万能の現代においても、なにがしか私たちの心に訴えかける

写真1－6　宣陵と靖陵（ソウル・三陵公園）2015年11月撮影

上は宣陵、第９代・成宗の墓。下は靖陵、第11代・中宗の墓。それぞれ陵墓の手前に祭礼の支度をするための建物として丁字閣が建てられている。

力を失ってはいないようである。

ましてや朝鮮時代の人々は、この風水の世界にどっぷりとつかっていた。このため儒教主義を建前とする王室においても、王や王妃のためには風水術によって明堂の地――風水の「気」の集るところ――を択び、そこに壮大な陵墓を築いて王や王妃の亡骸を安置していた。これにはそれぞれに名前（陵号）があり、たとえば太祖の陵墓は健元陵《けんげんりょう》、太宗の陵墓は献陵《けんりょう》というが、総じては一般に山陵という。そうして宗廟の祭祀と同じように、これらの山陵においても四孟月および臘日の五享大祭が行われ、また朔望および四名日（正朝、寒食、端午、秋夕。後に冬至を加えて五名日）の俗節においても民間の習俗にならって陵墓の祭礼が行われていた。

宗廟への一元化の議論

このように、朝鮮時代における祖先祭祀は宗廟における祭祀と陵墓における祭祀とが併存する形で行われていたが、このうち最も重んじられていたのは、もちろん宗廟の祭祀であり、陵墓における祭祀はあくまでも土俗的な習慣（俗礼）として消極的に容認されていたにすぎない。それにしても、宗廟で祖先を祀ったうえに、さらに陵墓でも祭礼を行うのは、ある意味では無用の重複である。このため朝鮮後期に入ると、壬辰倭乱後の経費削減の意味もあって、仁祖二年（一六二四）に山陵の五享大祭が停止され、その後、仁祖八年（一六三〇）に一旦復活したものの、結局、仁祖十四年（一六三六）に至って山陵の五享大祭は「永く停罷を為す」ことが決定された（『増補文献備考』礼考、山陵）。

山陵の祭祀を廃止することについて、たとえば趙翼《ちょうよく》（一五七九～一六五五）という学者は次のように論じている（念の為に断っておくと、清朝の著名な考証学者である趙翼は、もちろん別人である）。

山陵における五享の祭りは、もともと祀典として由緒正しいものではない。思うに、四名日（正朝、寒食、端午、秋夕――引用者注）の墓祭は国俗とはいえ、これも礼経に記載されたものではないのである。四時の正祭については宗廟で行っているのに、そのうえ山陵でも重ねて行うとは、いったいどういうことか。祖宗朝の祀典であっても、いわれもなく、また正しくもないものについては、当然、改正すべきである。（『仁祖実録』八年二月丙子条）

同じく廃止論を唱えた尹煌《いんこう》（一五七一～一六三九）という学者の議論も、基本的には趙翼のそれと同一である。

五享の大祭については、宗廟で行っているうえに、さらに山陵でも行うとなると、これでは全く「墓蔵廟祭」の義に違うことになる。平時であっても煩雑の誹りを免れることができない以上、山陵での五享の祭祀を罷めるべきことは、疑問の余地もない。（『仁祖実録』十四年二月乙酉条）

尹煌のいう「墓蔵廟祭」とは、唐の韓愈《かんゆ》（七六八～八二四）の「豊陵行」という詩の一節。

臣聞く、神道は清浄を尚ぶと。
三代の旧制は諸れを書に存す。
墓に蔵し、廟に祭りて乱るべからず。
言わんと欲するも職にあらざれば、知ること何如《いかん》ぞや。

右の韓愈の詩によれば、墓は亡骸を納めているだけで、死者の魂を祭る場所ではない。それは清浄なる霊廟において祭るもので、それこそが「三代」の古礼である。韓愈の詩は、生前の宮殿を模した唐の順宗の陵墓（豊陵）の祭祀を暗に批判したもので、そのような山陵の祭祀は儒家の理想とする宗廟の祭祀とは矛盾するものであった。しかし中国でも朝鮮でも、一般にはピクニックを兼ねたような墓参、墓祭が世間を風靡しており、これが古礼への復帰を志す儒学者たちの目には苦々しく映っていたのであろう。

古代の制度の復興を志す儒学者たちは、祖先祭祀の場を儒教的な宗教観に基づく宗廟に一元化し、陵墓の祭祀を土俗的な遺制として退けようとする傾向が強い。「古は墓祭せず（古不墓祭）」――彼らの議論は、要するにこの一点に尽きているが、実際、儒学者たちの一般的な見解によれば、墓祭が盛んに行われるようになったのは中国では秦代以降のことで、それ以前においては墓祭は必ずしも行われてはいなかったという（顧炎武『日知録』巻十五、墓祭。趙翼『陔餘叢考』巻三十二、墓祭）。

このため、壬辰倭乱による財政の逼迫をきっかけとして、復古の理想に燃える朝鮮の儒学者たちは山陵の五享大祭を廃止し、これを宗廟の祭祀に一元化しようとしたのである。

墓祭の習俗

墓祭廃止の議論は当時の儒教知識人たちの復古の理想をよく示している。とはいえ、それによって墓祭の習俗そのものが完全に無くなってしまったわけではない。朝鮮後期における王陵の場合、宗廟で世室として永遠に祀り続けることが認められている王の陵、すなわち不《ふ》祧《ちょう》陵《りょう》については正朝、寒食、端午、秋夕、冬至の五名日において、また別廟である永寧殿に遷して祀られている王の陵、すなわち祧《ちょう》遷陵《せんりょう》については寒食のみにおいて、引き続き墓祭は行われている。

そもそも墓祭は先史時代にさかのぼる極めて古い宗教観に支えられたもので、中国でも朝鮮でも、今日に至るまで墓祭が熱心に行われているのは、それが人々の心に強く訴えかける力を持ち続けているためにほかならない。その点、いかに国家的な位置づけが高かったとはいえ、儒教知識人たちが頭の中でひねくり出した観念的な宗廟の祭祀の及ぶところではなかったのである。

だいたい、ただの木の札（位牌）を拝んで、それに魂と魄とが憑依するなどといっても、そんな目にも見えない魂魄のことをリアルに感じ取ることは、通常、極めて困難である。一方、陵墓のほうには現に故人の遺骸・遺骨が納められているから、この圧倒的なリアリティーは否定すべくもない。

このため、素朴な宗教観に基づく陵墓の祭祀に対し、観念的な儒教思想に基づく宗廟の祭祀のほうには、なにかしら偽善的なさかしらが付きまとっているという印象を禁じることができない。とはいえ、宗廟の祭祀は王朝国家の正統性に直結する最も重要な国家祭祀として位置付けられていた。このため、その祭祀システムを単なる儒者のたわごと、として済ませてしまうこともできないのである。

写真１－７　南大門（ソウル）2015年１月撮影

ソウル都城の南の正門。正式には崇礼門という。

写真１－８　東大門（ソウル）　2015年１月撮影

ソウル都城の東の正門。正式には興仁之門という。

附　漢陽都城

　ソウルの都市プランを語るうえで、欠かすことのできないものが都城の存在である。城といっても日本の天主閣のようなものを想像してはいけない。ソウルの旧市街を丸ごとぐるりと取り囲んだ長大な城壁（羅城）のことをいうのである。全長十八キロに及ぶ漢陽都城は太祖五年（一三九六）に築造され、その東西南北に大小八つの門が穿たれている。なかでも南大門（崇礼門）と東大門（興仁之門）が最も著名な観光スポットとなっていることはいうまでもあるまい。

　太祖朝に築造された城壁は、その後、世宗朝、粛宗朝に改修され、植民地期に入ると近代的な交通の妨げとしてその多くが撤去されたが、今日では逆に世界遺産への登録を目指してその復元工事が精力的に進められている。中世さながらの城壁と、近代的なビルディングとのコントラストは、たしかにソウルの魅力を引き上げているといえよう。

第二章　さまざまな廟の創設

宗廟の祭祀は儒教思想が作り上げた極めて観念性の高いものであった。それだけに、その仕組みは極めて合理的に、かつ緻密に作り込まれている。正直にいって、その仕組みを一々説明することは大変に面倒である。しかもそれは他の在来の習俗に対抗しつつ、それらを部分的には取り込みながら発展していったものであるだけに、なおさら複雑なものとならざるを得ない。儒教思想に紛れ込んだ他のさまざまな信仰に対応して、中国や朝鮮では宗廟以外にも祖先神との交流のためのさまざまな施設――宗廟から派生した宗廟類似の施設――が創設されている。本章では朝鮮時代の宗廟の仕組みをさらに詳しく説明するとともに、宗廟類似の他の施設についても併せて紹介しておくことにしよう。

第一節　宗廟（太廟）――宗廟の本殿

天子七廟　諸侯五廟

そもそも宗廟における祭室の数には決まりがある。

天子は七廟（天子七廟）。三昭三穆と太祖の廟とにして七（三昭三穆与太祖之廟而七）。
諸侯は五廟（諸侯五廟）。二昭二穆と太祖の廟とにして五（二昭二穆与太祖之廟而五）。

右の『礼記』王制篇の記述によると、天子（皇帝）は三昭三穆と太祖の合計七廟を祀り、諸侯（国王）は二昭二穆と太祖の合計五廟を祀る（太祖は大祖とも表記するが、本書では太祖に統一する）。もっとも、個々に独立した廟を建てていたのは古代のことで、後漢の明帝以降は同堂異室の制度を採用していたこは上述のとおり（**図2―1、2、参照**）。

太祖とは当該の王朝の創業の始祖のことで、その位牌は百世不遷の扱いを受け、当該の王朝が続く限り、永遠に宗廟の祀りを享け続ける。一方、二昭二穆《にしょうにぼく》というのは、祭祀の主体である当代の王からみて四世代上までの祖先神のことで、具体的には高曾祖禰《こうそうそでい》の四親《ししん》がこれに当たる。

このうち高は高祖父、曾は曾祖父、祖は祖父をさすが、最後の禰《でい》については考《こう》ともいい、これは亡くなった父のことを指す。当主が代替わりすれば、当然、四親の内容も入れ替わるので、世代の遠ざかった六代祖、五代祖などの祖先は順次宗廟の祭祀から外れていかなければならない。

ただし、天子の場合はこの二昭二穆にさらに二祧《にちょう》を加えて三昭三穆《さんしょうさんぼく》とする。もっとも、これは韋玄成《いげんせい》や鄭玄《じょうげん》などの説で、劉歆《りゅうきん》や王粛《おうしゅく》などの別説では三昭

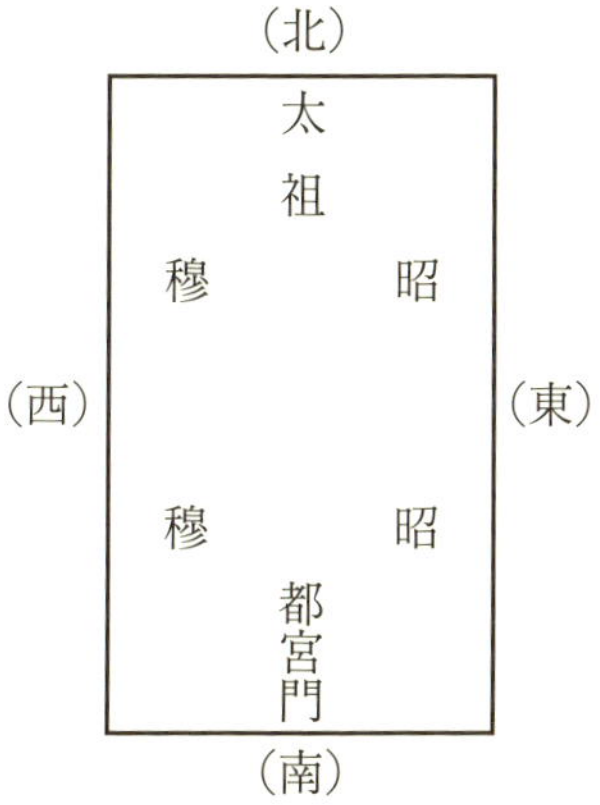

図2－1　諸侯五廟図（概念図）

太祖	高	曾	祖	禰

図2－2　同堂異室（概念図）

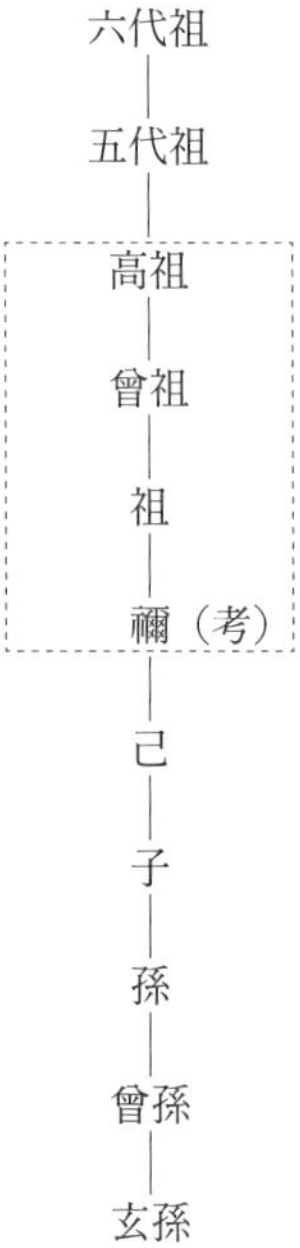

図2－3　四親（概念図）
破線内が「四親」。

三穆とは別に二祧を設け、三昭三穆には四親のほかに高祖父の父（五代祖）と高祖父の祖父（六代祖）の二代を加えるので、結果として天子は太祖・二祧と三昭三穆の合計九廟を祀ることになる（『礼記』王制篇、孔穎達疏）。両説の当否はともかく、世代の離れた祖先が順次宗廟の祭祀から外れていくことには違いはない。

二祧の「祧」とは高曾祖禰の四親の範疇を「超《こ》」えるという意味で、これは太祖の廟と同様、世代が遠ざかっても引き続き宗廟の祭祀を享け続ける。周王室の場合、二祧に該当するのは文王と武王の二人であるが、彼らはいずれも王朝の始祖（周王室の場合は后稷《こうしょく》）に匹敵する特別な功徳《こうとく》をもった人物であるので特に廟を毀たず、百世不遷の特別待遇を認めているのである。

功あるを祖とし、徳あるを宗とす（祖有功而宗有徳。――『漢書』景帝紀）

有徳の王は、則ち祖宗と為し、その廟は毀たず（有徳之王、則為祖宗、其廟不毀。――『書経』商書、咸

有一徳、鄭玄注）

右に祖宗というのは、祧廟に祀られる有功・有徳の王のことで、彼らには「○祖」、「○宗」などの廟《びょう》号《ごう》（廟の呼び名）が与えられる。廟号は宗廟の祭祀において永遠に祀り続けられる有功・有徳の王に与えられる特別の称号であって、本来、誰にでも与えられるというものではない。ところが中国でも朝鮮でも、後世、ほとんどすべての君主に廟号が与えられるようになるが、それは本来の礼制からいえば濫発としか言いようがない。

高麗時代、元に服属した高麗国王が「○祖」、「○宗」などの廟号の使用を禁じられたのは、それが諸侯の分際として僭越と見なされたためにほかならなかった。

昭と穆

諸侯の宗廟には二昭二穆と太祖の五廟（五室）を祀るが、このうち二昭二穆とは高曾祖禰の四親のことで、これを「昭」のグループと「穆」のグループの二つに分類する。実はこの昭穆《しょうぼく》の区別ということが宗廟をめぐる議論のなかでも一番ややこしいところで、この点についてはとかく論争が絶えない。たとえば南宋の馬端臨《ばたんりん》（一二五四〜一三二三）などは、この「昭穆の位に太《はなは》だ拘《こだわ》る（昭穆之位太拘）」がために、宗廟の祭祀が結局は行き詰まってしまうのであると指摘している（『文献通考』宗廟考四）。したがって、本書でもこの問題についてはなるべくは避けて通りたいところであるが、しかし、これを論じなければそもそも宗廟について議論することそれ自体の意味がなくなってしまう。

昭穆とは太祖とその子孫との間の世代的な距離関係を示す用語で、子孫は世代ごとに「昭」、「穆」いずれかのグループに割り振られる。具体的には、太祖の子が昭で孫が穆、孫の子が昭で孫の孫は穆となる。要は世代ごとに昭穆が入れ違いに並ぶわけで、この昭穆の区別が宗廟における祭室の配置、および祭祀における位牌の配置の基準となるのである。

漢の韋玄成の説によると、宗廟においては中央北側の太祖の廟を基準とし、そこから南面して左側（東）に昭の廟が配置され、右側（西）に穆の廟が配置される（35頁の図を参照）。また、祫と呼ばれる大祭においては歴代の王の位牌が太祖の廟に集めて祀られるが、この場合は太祖の位牌を上座である西側に置いて東向きにし、これから見て左側（北）に昭の位牌、右側（南）に穆の位牌を配列する（21頁の図を参照）。これを太祖のポジションから見ると、自分の子孫たちがそれぞれの世代の順番に従って左右に整然と居並ぶさまを一望できるわけであるから、実に愉快。ご先祖に喜んでいただければ、その余沢は当然子孫にも及んでくるという仕組みである。

ただし、この昭穆の配置が整然と維持されるためには、王位は嫡長子によって直線的に継承されていかなければならない。逆に兄弟による王位継承や、たとえば「おじ」が「おい」の位を奪うというような世代をさかのぼった王位継承が行われた場合は、昭穆の配置が乱れてしまうので、儒家の理想とする親族制度、いわゆる宗法《そうほう》においてはそのような王位継承のあり方を想定していない。いやむしろ、現実には存在するそのような相続のあり方を排除し、嫡長子による相続の当為性を積極的に主張するところにこそ、昭穆の制度を創設した聖人たち――ないしは漢代の儒学者たち――の本来の意図があったのであろう。

祧遷

朝鮮は明朝・清朝の皇帝から冊封を受けた諸侯の国である。したがって、朝鮮国の宗廟は二昭二穆と太祖の五廟に制限される。そうして二昭二穆の位牌は国王の代替わりに伴って順次入れ替えが行われ、世代が遠ざかった王の位牌は宗廟の祭祀の対象から除外される。

祭祀から除外された王の位牌は、一説には陵墓の側に埋めるといい、または宗廟の二つの階段の間に埋めるともいう。しかし、朝鮮王朝では別に廟を設けてそこに奉安し、宗廟よりも規模を縮小して祭祀を継続することにしていた。このように宗廟から位牌を遷すことを祧遷《ちょうせん》というが、「祧」とは「超」える意、つまり二昭二穆に該当する高曾祖禰の四親の範疇を超えるという意味であることは前述のとおりである。

世室

世代の遠ざかった王の位牌は本来宗廟の祭祀から除外して祧遷すべきであるが、それには世室《せいしつ》という例外もある。世室とは「祖宗」として特別の功徳を認められたものに百世不遷の特別の待遇を与えるもので、したがって世室に指定された王は世代が離れてもそのまま宗廟に残留することができる。古代・

写真２－１　宗廟（ソウル・宗廟）2015年９月撮影

宗廟は太廟ともいう。太廟とは太祖の廟で、厳密にいえば宗廟のなかの五廟の１つにすぎない。しかし同堂異室の制度においては太祖の廟しか存在しないので、事実上、宗廟といえば太廟をさすことになる。

周の制度では文王の廟と武王の廟が二祧とされ、これらは高曾祖禰の四親の範疇を超えても引き続き宗廟の祭祀を享け続けていたという。世室の制度はこの二祧の制度を受け継ぐものであった。

ちなみに、宗廟の廟庭には歴代の王の功臣たちも一緒に祀られており、これを配享功臣《はいきょうこうしん》という。配享功臣はそれぞれの王に付属して祀られているが、当該の王が四親の範疇を超えて祧遷された場合、彼らの位牌は宗廟の祭祀から除外されて当該人の本家の子孫に下げ渡される慣例である。逆に当該の王が世室に指定された場合、彼らは配享功臣として永遠に宗廟にとどまり続けることになる。

自分のご先祖が国家の最も重要な祭祀施設である宗廟に現に祀られているということは、両班《ヤンバン》とよばれる門閥貴族たちにとってそのステータスを維持するための最も有力な保障となる。当然、どの王を世室とするかは、王族や外戚以外の一般の官僚たちにとっても大きな関心事とならざるを得ない。世代の離れた王を世室として残すか祧遷するか、その決定をめぐってとかくの議論が絶えなかったことは当然であろう。

朝鮮時代を通して世室の数は増加する一方であった。それだけ功徳のある君主が多かった証拠、……ということであればよいのであるが、事実は必ずしもそうではない。世室が増えれば、それだけ祭祀が繁雑となり、その経済的な負担も増大する。

礼といい、礼という。玉帛をいわんや。
楽といい、楽という。鐘鼓をいわんや。
——『論語』陽貨篇

祭祀の形式的な肥大化は儒教の祖、孔子も強く戒めていたところであった。だからこそ宗廟の祭祀についても天子は七廟、諸侯は五廟に制限されていたのである。

しかしながら、そのような規制は世室という抜け道によって完全に骨抜きにされてしまった。これが宗廟の建物の際限のない増築と、その長大化をもたらすことになるのである。

第二節　永寧殿（祧廟）——宗廟の別殿

祧主の扱い方

宗廟には二昭二穆と太祖の合計五世代を祀る。二昭二穆とは、基本的には現国王の四親である高曾祖禰、すなわち高祖父・曾祖父・祖父・父の四人をさす。これに対して太祖というのは当該の王朝の創業の始祖のことで、朝鮮王朝の場合には李成桂、改め太祖李旦がこれに当たることはいうまでもない。

創業の始祖である太祖の位牌は百世不遷とされ、百世代にわたって（つまりは永遠に）宗廟に祀られるが、二昭二穆の位牌は王の代替わりにともなって順次入れ替えが行われ、世代の遠ざかった王の位牌は宗廟の祭祀から除外される。たとえば先代の王の高祖父は、現国王にとっては五代祖（高祖父の父）に当たるので、これを祧遷して宗廟の祭祀から除外する。以上が宗廟の祭祀の基本的なシステムであって、この点はこれまでにも繰り返し説明を加えてきたとおりである。

祧遷された王の位牌を祧主というが、これをどのように取り扱うのかはなかなかの難問である。古礼では太祖の廟（太廟）の脇部屋（夾室）に奉安し、大祭（殷祭）のときには普段祀られていない祧主も一緒に並べてお祭りをすることになっていたが、後にはこの礼が廃れ、世代の遠ざかった王の廟は取り壊してその位牌を宗廟の階段の側に埋め、または陵墓の側に埋めたりした。

しかし、一度は宗廟に奉安していた神聖な位牌を陵墓の側に埋めてしまうのは恐れ多いし、かといって太廟の夾室に奉安するというのも、後世の同堂異室の制度では都合が悪い。ご先祖の位牌を夾室に押し込めておいて、それと同じ建物のなかで子孫が手厚い祭礼を受けるというわけにはいかないであろう。

このため宗廟とは別に、祧遷された王の位牌を奉安するための別廟を創建する必要が生じてくる。この別廟のことを祧廟《ちょうびょう》というのである。

永寧殿の創建

朝鮮王朝の場合、太祖四年（一三九五）に宗廟を建て、ここに太祖の四親（穆祖・翼祖・度祖・桓祖）を祀っていたが、これらは王の代替わりに伴って順次宗廟の祭祀から除外される予定であったため、それを見越して世宗三年（一四二一）に永寧殿が創建された。

写真２－２　永寧殿（ソウル・宗廟）2015年９月撮影
いわゆる祧廟。

永寧殿は宗廟から祧遷された祧主を奉安するための霊廟、すなわち祧廟である。祧主についてもいちいち独立した廟を建設していては切りがないので、ここでも宗廟と同じように同堂異室の制度を採用し、祧主は祧主で一つの「集合マンション」のなかに奉安することになった。

奉安する以上は、全くお祭りをしないというわけにはいかない。しかし、宗廟と同じようにお祭りをすると、そもそも祧遷した意味がなくなってしまうので、永寧殿の場合には春秋の孟月、すなわち旧暦の正月と七月にのみお祭りを行う。

しかし、五百年も続いた朝鮮王朝の歴史においては、当然、永寧殿の祧主も増加していく一方である。もと

写真2－3　永寧殿（ソウル・宗廟）2015年9月撮影
正殿4間は左右の夾室に比べて屋根の梁が高くなっている。

もと永寧殿は、太祖の四親の位牌を奉安するために建設された。つまり、太祖より目上の人を祀るために建てた霊廟である。しかし第二代・恭靖王《きょうせいおう》（後の定宗）より以下の諸王もいずれ次々と永寧殿に引っ越してくるから、これら太祖より目下の子孫を祖先と同じようにして祀るわけにはいかない。

そこで永寧殿においては、太祖より目上の穆祖《ぼくそ》・翼《よく》祖《そ》・度祖《たくそ》・桓祖《かんそ》の位牌を中央の正殿四間に、太祖より目下の子孫の位牌はそれを挟んで東西の夾室に、それぞれ西を上座として奉安する。永寧殿の建築構造が宗廟の本殿とは異なり、中央の正殿に対して左右の夾室の屋根が低くなっているのはこのためである。

当初、永寧殿では正殿四間と別に、左右の夾室各一間を祧主の奉安に充てて当座の用をしのいでいた。壬辰倭乱による焼失の後、永寧殿もまた光海君即位年（一六〇八）に再建されたが、このときは正殿四間、左右夾室各三間、合計十間の規模であった。その後、顕宗二年（一六六一）に左右の夾室各一間を増築して合計十二間の規模となり、憲宗二年（一八三六）にも左右夾室各二間を増築して合計十六間の規模となって祧主の増加に備えている。これが今日見られる永寧殿（正殿四間、左右夾室各六間、合計十六間）の姿である。

それでも祧主の増加には限りがない。仮に王朝が滅びなかったとしたら、いったいどういうことになっていたであろう。いっそ、はじめから陵墓の側に祧主を埋めてしまえば問題はなかったのであるが、それでは当時の人々の祖先神に寄せる追慕の思い、いや、儒教的な祭祀の理想型を追求する知識人たちの執着心を満たすことはできなかったのである。

第三節　文昭殿（原廟）——もう一つの宗廟

魂殿と原廟

王が亡くなるとその遺体は殯殿《ひんでん》とよばれるかりもがりの御殿に安置され、小斂（死者に帷子《かたびら》を着せる）、大斂（死者を棺に入れる）を経て王陵に埋葬されるが、埋葬の後にも虞祭（埋葬後に肉体を失って戸惑っている霊を慰める祭祀。諸侯は七虞といって、虞祭を七回行う）、卒哭（哭くことをやめる）、小祥（一周忌）、大祥（三周忌）などの祭祀が続き、さらに一月をおいて二十七カ月目（これは鄭玄の説で、王粛の説では二十五カ月目）に禫祭（忌明けの祭祀）が行われる。これでいわゆる三年の喪が終わり、その後、宗廟の直近の例祭（時祭）の時に亡くなった王の位牌を宗廟に奉安（祔廟）する。三年といっても実際には二十七カ月で、それも「日を以て月に易え（以日易月）」、一カ月程度の短喪で済ませることが多い。しかし祔廟そのものは必ず二十七カ月の喪明けを待って行われる。

この間、故人の位牌は魂殿《こんでん》とよばれる御殿に仮に奉安されているが、魂殿とは「王の葬礼後三年間神位を納むる宮殿」（朝鮮総督府刊『朝鮮語辞典』）のことで、たとえば太祖の魂殿は文昭殿《ぶんしょうでん》と呼ばれ、太宗の魂殿は広孝殿《こうこうでん》と呼ばれている。魂殿の祭祀は宗廟での祭祀が開始されるまでの、いわば中継ぎの祭祀といった位置づけである。

したがって、魂殿の位牌が宗廟に陞祔されると、それで魂殿の祭祀は一応の役割を終える。しかし理念的、抽象的な性格の強い宗廟の祭祀のみによっては子孫の追慕の思いを満たすことができないので、本来役割を終えたはずの魂殿でも、宗廟とは別に引き続き故人に対する祭礼が行われる。

とはいえ、亡くなった王の一々について魂殿の祭祀を別々に継続していたのでは切りがない。そこで世宗十五年（一四三三）に至って、国王は改めて文昭殿（いわゆる新文昭殿）を創建し、ここに祖父（太祖）と父（太宗）の位牌を一緒に祀ることにしたのである。

かくして創設された文昭殿（新文昭殿）は、実質的には第二の宗廟であるので、これを原廟《げんびょう》という。原とは重ねる意、つまり宗廟に重ねて設置されたもう一つの宗廟というほどの意味である。

原廟の祭祀

原廟の祭祀の特徴は、それが「生に事《つか》うるの礼（事生の礼）」を用いること、すなわち故人をあたかも生きているかのようにして祀るというところにある。一体、宗廟には歴代の王（および王妃）の位牌を祀るが、これは信仰心のないものから見れば、要するにただの木の札にすぎない。この木の札――栗の木を用いる——を拝んで亡き祖先を追悼せよと言われても、正直なところ、今一つ実感がわかないというのは、昔も今も同じであろう。そこで原廟においては故人の生前の遺品（衣冠）とともに、その肖像画（真）を奉安して故人を偲ぶよすがとする。追悼施設としてはこのほうがよほど直観的で分かりやすい。

もともと魂殿では「生に事うるの礼」を用い、死者にも生前と同様に朝夕の食事をささげていたが、原廟でもこの種の儀礼をそのまま引き継いで、祖先の位牌に朝夕の食事をささげていた。当然、文昭殿の祭祀を維持することは経済的には大変な負担となる。このため壬辰倭乱の後に宗廟の祭祀は復興したが、原廟の祭祀は打ち捨てられて、そのまま廃止されてしまった（『燃藜室記述』別集、原廟）。

それはそれで儒教主義的な合理化の一環といえよう。しかし、歴代の王の肖像画を祀る影殿《えいでん》は、その後もさまざまな名称で個別に建てられ続けている（『増補文献備考』礼考六、影殿）。

文昭殿の構造

世宗は景福宮の東隅、延春門の内側に文昭殿（新文昭殿）を建てたが、それは後寝《こうしん》が五間で前殿《ぜんでん》は通三間（五間分のスペースに柱を抜いて三間）。朔望には後寝で祭祀を行い、ここでは西を上座として西から東へ横並びに祭室を配置するが、これは基本的には宗廟の祭室の構造と同じである。一方、四孟月および臘日の大祭では歴代の王の位牌を前殿に集め、これを昭穆の序に従って配列する。この点が、歴代の位牌をそれぞれの祭室で別々に祀っている宗廟の祭祀との決定的な違いとなる。

上述のとおり、朝鮮の宗廟は同堂異室で、しかも有室無殿。つまり、位牌を奉安する祭室はあっても位牌を集めて殷祭を行う前殿がない。これでは古典に描かれた理想のとおりに昭穆の序を示すことはできないので、せめて文昭殿においては古典の記述どおりに昭穆の配置を実現しようとしたのであろう。このため、世宗は昭穆の序に変則をもたらす伯父の恭靖王を文昭殿の祭祀から除外し、以後も純粋に四親と太祖の五室のみを祀ることを厳命している。

ただし、前殿における位牌の配列は、中国の古典に記されているような理想の制度とは必ずしも合致しない。具体的には、太祖の位牌を中央、北よりに配置して南向きにし、昭二位は太祖からみて左側（東）に配置して西向き、穆二位は右側（西）に配置して東向きにする、という配列であった。

このため朝鮮時代の代表的な朱子学者であった李滉《りこう》（李退渓）は宣祖二年（一五六九）に、文昭殿の前殿における位牌の配列を古典の記述に合せて変更すること、具体的には太祖の位牌を西において東向きせ、太祖からみて左側（北）に昭の位牌、右側（南）に穆の位牌を配列することを提案しているが、これは当時の「常行の制」ではないとして却下された（『宣祖修正実録』二年正月乙巳朔条）。

君主は通例、南面して臣下に接している。したがって、文昭殿においても太祖の位牌は生前と同様に南面して祭祀を享けていたわけで、これは当時の人々の感覚としては至極当然のことであった。儒教知識人の復古の理想は、必ずしも当時の「俗礼」を改めることはできなかったのである。

附　士大夫の家廟

本章のおまけに、士大夫の家廟《かびょう》についても概観しておくことにしよう。
中国の古典（『礼記』王制篇）では天子七廟、諸侯五廟の規定に続けて、

大夫は三廟、一昭一穆と太祖の廟とにして三（大夫三廟、一昭一穆与太祖之廟而三）。士は一廟（士一廟）。
庶人は寝に祭る（庶人祭於寝）。

と規定している。高麗末に家廟の制度を定めたときには、この規定を少し変えて、

大夫以上は三世を祭り、
六品以上は二世を祭り、
七品以下より庶人に至るまでは、ただ父母を祭る

という規則が定められていたが（『高麗史』礼志、吉礼小祀、大夫士庶人祭礼）、当時は仏教式にお寺で先祖供養を行うことが主流で、儒教式の家廟は必ずしも普及していなかった。それが一般に定着するのは、おおむね十六世紀以降のことであるが、いざその祭礼を実践しようとしても、なかなか経書の規定どお

りというわけにはいかない。

大夫は三廟、士は一廟というが、人々の身分が世襲的に固定化していた古代とはちがって、近世社会においては身分の流動性が著しく高まっている。かつての大夫の家が士に没落し、逆に士の家が大夫に成り上がることも珍しくない。たとえば、大夫として太祖と祖・禰の三代を祀っていた家が、代替わりで士に落ちぶれたとすると、親の代に祀っていた祖・禰は曾・祖に繰り上がっていずれも祭祀の対象から外れてしまう。したがって、そういう場合は曾・祖の位牌を墓に埋めるなどして処分しなければならない。しかし、栄達して大夫の家に返り咲いたとすると、墓に埋めた曾・祖の位牌のうち、少なくとも祖の位牌は墓から掘り起こして再び家廟に奉安しなければならない。いや、諸侯の身分に昇れば高曾祖禰の四代を祭ることができるわけであるから、その場合はさらに多くの位牌を掘り起こさなければならなくなる。

もっとも、こんなふうに埋めたり、掘り起こしたりを繰り返すのは面倒なので、祭祀の対象から外れた位牌も、将来に備えてひとまずは家廟に奉安しておく。すると、それに対してお祭りをしないというわけにもいかないので、結局、士大夫の家ではその身分の高下にかかわらず、高曾祖禰の四親を祭ることが事実上の慣例となっていった。そうしてその慣例は、朱子の著作とされる『朱子家礼《しゅしかれい》』によって権威づけられ、それが朝鮮時代の士大夫一般の礼制としても定着していくことになった。

ちなみに、宗廟の祭礼は四孟月（旧暦正月、四月、七月、十月）と臘日（十二月）に行われるが、家廟の祭礼は四仲月（旧暦二月、五月、八月、十一月）に行うとするのが『朱子家礼』の規定である。

この家廟の祭礼が士大夫一般の習俗として定着していった結果、朝鮮後期に入ると王朝国家に対して特に功徳のあった臣下に不祧の恩典を賜わることも行われるようになった。本来、家廟の祭祀の対象となるのは高曾祖禰の四親であるが、この範疇を超えた人物であっても、王朝に対して特に功徳のあったものの場合はその位牌を祧遷せず、家廟で永遠に祭祀を享け続けることを国家として公認する。これがいわゆる不祧の恩典の内容である。

この恩典を受けた人物の子孫は、その祖先を媒介として、いわば国家と永遠に繋がり続けることが保障される。両班たちにとっては、これがステータスを維持するためのなによりの保障となる。

とはいえ不祧の恩典が濫発されると、国家としては祀るべき功臣の数がやたらと増え、同時にその功臣の末裔であるというだけのことで、両班としての諸特権を享受しようとする輩がやたらと増殖することになってしまう。

朝鮮後期における不祧の恩典の濫発は、宗廟における世室の濫造と同様、両班中心の社会に一種の動脈硬化をもたらすことになるのである。

第三章　昭穆をめぐる論争

朝鮮王朝の宗廟は同堂異室の制度を採用していたが、これでは昭穆の序を正しく示すことができない。いや、昭穆の序を明示することが困難であるからこそ、その点を適当にごまかすために同堂異室の制度を採用していたといったほうがよいのかもしれない。

ここまで昭穆のシステムについてはなるべく深入りすることを避けてきたが、本章では南宋の朱子（朱熹、一一三〇～一二〇〇）の学説（「中庸或問」下）などを参照しながら昭穆に関する問題点を一通り整理しておきたい。

主として問題となるのは王位継承の順序と親族関係との矛盾であり、王位継承の順序は一般に「統序」、実際の親族関係は「倫序」、または「親序」とよばれている。この統序と倫序の矛盾こそが、理想的な昭穆の配置にさまざまな変則をもたらすことになるのである。

第一節　昭穆のシステム――世代間の秩序

宗廟と昭穆

『中庸』第十九章に、「宗廟の礼は、昭穆を序する所以なり（宗廟之礼、所以序昭穆也）」とある。昭穆とは宗廟における各廟の位牌の配置を示す術語で、これが整然と配列されていてこそ各種の儀礼も正しく行われ、祖先神との霊的な交流も正しく実現する。いわゆる「昭穆の序」を正すことは、宗廟の祭祀の核心であるといっても過言ではない。

昭穆は太祖と子孫との世代的な距離（世代数）によって定まり、これによって各廟の配置や位牌の配列が定められる。具体的には、中央北寄りに太祖の廟が建てられ、二世、四世の廟は太祖から見て左側（東）の「昭」の位、三世、五世の廟は右側（西）の「穆」の位に建てられる（35頁の図を参照）。

また袷祭においては歴代の位牌を太祖の廟に集めて合祀するが、この場合は太祖の位牌を西に寄せて東向きに配置する。そうして、二世、四世の位牌は太祖から見て左側（北）の昭の列に南向して並び、三世、五世の位牌は右側（南）の穆の列に北向して並ぶ（21頁の図を参照）。いずれの場合も太祖の子は昭で孫は穆、孫の子は再び昭で、孫の孫は再び穆となることが原則である。

昭穆の入れ替え

宗廟の祭祀は百世不遷の太祖と二昭二穆の合計「五廟」を対象とする。したがって二昭二穆の位牌は、新しく王が祔廟されると入れ替わりに順次宗廟から出ていかなければならない。たとえば、二代目の王が昭、三代目の王が穆、四代目の王が昭、五代目の王が穆で、これで二昭二穆は満員となるが、次に、六代目の王が昭の廟に入ると、これと入れ替わりに二代目の王は宗廟の祭祀から外され、四代目の王が二代目の王の廟に移って、それと入れ替わりに四代目の王の廟に六代目の王の位牌が入る。次に七代目の王が穆の廟に入ると、これと入れ替わりに三代目の王は宗廟の祭祀から外され、五代目の王が三代目の王の廟に移って、それと入れ替わりに五代目の王の廟に七代目の王の位牌が入る。

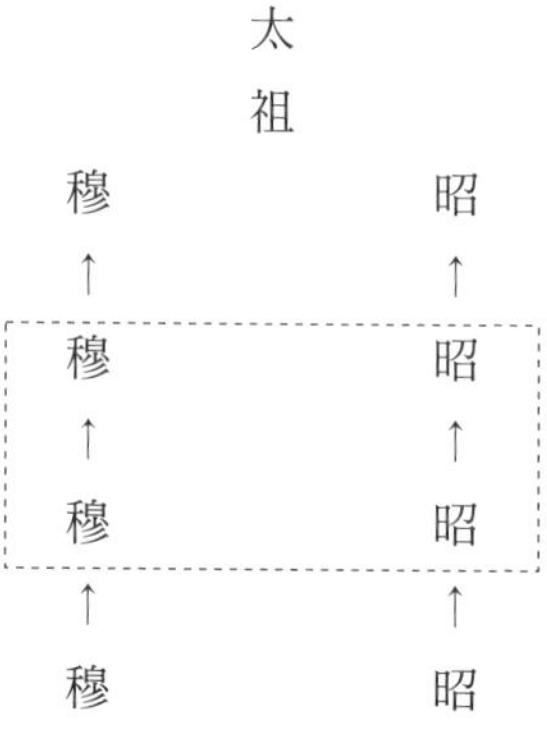

図3－1　二昭二穆の入れ替え

このように宗廟の位牌はところてん式に次々と入れ替わっていくので、その入れ替わりを示すための特別な用語がある。まず、歴代の王の位牌を新たに宗廟に入れることを「祔《ふ》」というが、これは祖先神と一緒に「合わせ祀る」という意味である。次に、宗廟の祭祀から外すことを「祧《ちょう》」といい、廟（室）を移動することを「遷」という。併せて「祧遷」という場合には、単に宗廟の祭祀から外すという意味で使われることも多い。「祧」とは「超える」意で、「高・曾・祖・禰」の四親の範疇を越えたことを意味している。

以下、八代目、九代目と続いても理屈としては同じことで、要するに、昭の世代が入ると二昭の中身が入れ替わり、穆の世代が入ると二穆の中身が入れ替わる。「昭は常に昭、穆は常に穆」であって、決して昭から穆に移ったり、穆から昭に移ったりすることはない（『朱子語類』昭穆）。

ただし、朝鮮の宗廟は同堂異室で、各祭室は西から順番に横並びに配置されているので、昭穆の区別は必ずしも可視的に示されているわけではない。新たに王の位牌が宗廟に祀られ（祔）、それと入れ替わりに世代の離れた王の位牌が宗廟の祭祀から除外（祧）されたとしても、他の王の位牌はそれぞれところてん式に西隣の祭室に移動（遷）するだけで、その際、昭穆の区別は問わない。それでも昭が入って昭が出ていき、穆が入って穆が出ていくという仕組みになっていることは同じである。

昭 ← 穆 ← 昭 ← 穆 ← 昭 ← 穆 ← 昭 ← 穆

図3－2　二昭二穆の入れ替え（2）

昭穆の数え方

以上は中国の古典に示された昭穆のシステムの理想型で、それは基本的に嫡長子による相続を前提として組み立てられている。逆に言うと、それは嫡長子による権力の世襲を正当化するためのシステムである。

とはいえ、現実の王位継承は必ずしも理想どおりにはいかない。なるほど、嫡長子による相続が続く限りは昭穆のシステムには何の問題も生じないはずであるが、現実には兄の跡を継いで弟が即位することも少なくない（兄亡弟及《けいぼうていきゅう》）。こうした場合、昭穆の数え方は一体どうなるのであろうか？

この点については、古来、二つの立場がある。一つは家族関係という人倫の秩序（倫序）に従い、同世代の兄弟は合せて一世と数えて昭穆を同じくするという考え方（兄弟同昭穆）。これを朝鮮王朝の事例に即していうと、第二代・恭靖王（後の定宗）と第三代・太宗は兄弟であるから同じく一世に数えて「昭」の廟とし、第四代・世宗は穆の廟とする。次に第五代・文宗と第七代・世祖は兄弟であるから同じく一世に数えて昭の廟とし、第八代・睿宗を穆の廟とする（第六代・端宗（魯山君）は廃位された王であるので、ここでは論外とする）。したがって、恭靖王から睿宗まで、四世代六人の王が二昭二穆を構成するという形になる。

一方、これと対立するのが王位継承の順序（統序）を重視する考え方で、この立

	①太祖	
昭	②定宗	③太宗
穆	④世宗	
昭	⑤文宗	⑦世祖
穆	徳宗	⑧睿宗
昭	⑨成宗	
穆	⑪中宗	
昭	⑫仁宗	⑬明宗
穆	⑭宣祖	
昭	元宗	
穆	⑯仁祖	
昭	⑰孝宗	
穆	⑱顕宗	
昭	⑲粛宗	
穆	⑳景宗	㉑英祖
昭	真宗	荘祖
穆	㉒正祖	
昭	㉓純祖	
穆	文祖	㉕哲宗
昭	㉔憲宗	㉖高宗
穆	㉗純宗	

図3－3　昭穆一覧

＊ 丸数字は即位順を示す。

場からいうと、たとえ兄弟相続（兄亡弟及）であっても系譜上は「父子」の相続（父死子継）とみなし、これを昭・穆の二世代として数える。その理由は、たとえ兄弟であっても即位以前に一旦先代の王と「君臣」の関係を結んでいる以上、それは「父子」の関係と同じであり、また「人の後と為る者は、これが子と為るなり（為人後者、為之子也）」というのが「礼」の大原則でもあるからである。

この論理に従った場合、朝鮮王朝においては第二代・恭靖王が昭、第三代・太宗が穆で、第四代・世宗が昭、第五代・文宗が穆。この三世代四人が二昭二穆を構成するということになる。

春秋経文の解釈

以上の両説は、それぞれ『春秋』文公二年の次の経文を論拠としているが、同じ条文でもその解釈は立場によって異なっている。

八月丁卯、大いに大廟に事あり、僖公を躋《のぼ》す（大事于大廟、躋僖公）。

中国・晋代の杜預《とよ》（二二二〜二八五）の注によると、これは父・僖公《きこう》の後を継いだ魯の文公《ぶんこう》が、閔公《びんこう》の庶兄であった僖公を閔公より上座に祀ったことを非難した文章とされる。なぜといって、僖公は閔公の跡を継いで即位したのであるから、当然、閔公こそが上座に就くべきであり、これでは「逆祀」、つまり祭祀の順序があべこべになってしまう、というのである。

要するに、これは兄弟の順序（倫序）よりも即位の順序（統序）を優先する考え方で、これを突き詰めると父子、兄弟、おじ・おい、などに関係なく、前王と現王との関係はすべて「父子」の相続として解釈するということになる（『朱文公文集』面奏祧廟劄子）。なるほど、論理的にいえばこの方がすっきりとするが、現実の親族関係を無視する点はいかにも人工的で、いささか自然の人情から遊離しているという印象を拭うことができない。

そこで一般には、兄弟は昭穆を同じくして一世として数える。たとえば、杜預の注をさらに敷衍した唐の孔穎達《くようだつ》（五七四〜六四八）の疏は、この問題について「兄弟相代われば、則ち昭穆は班を同じくす（兄弟相代、則昭穆同班）」と説明しているが、これによれば僖公は閔公の庶兄であるから、昭穆の位置づけは同じ、ただその中で上座・下座の区別があったにすぎないということになる。そもそも杜預の注にしても、僖公を閔公より上座に祀ったことを非難しているだけで、この二人が昭穆を異にしているとまでは言っていないのである。

唐代に経学の解釈を統一した孔穎達『五経正義《ごきょうせいぎ》』の権威は絶対的であった。このため、一般的には兄弟同昭穆の解釈が通説とされ、朝鮮でもこの説に従って兄弟は合わせて一世として数えている。ただし、朱子に代表される新儒学（朱子学）の影響のもとに、朝鮮でも「統序」の論理を絶対化する立場がしだいにその影響力を強めていくことには注意しておかなければならない。

昭穆のバランス

兄弟は昭穆を同じくする（兄弟同昭穆）、というのは、たしかに常識的な考え方ではあるが、反面、これによって少し困った問題も生じてくる。たとえば朝鮮の場合、兄弟を同昭穆とすると、「昭」の位には恭靖王、太宗、文宗、世祖の、合計四人が配置されるが、一方の「穆」の位には、世宗、睿宗の、合計二人しか配置することができない（後に追尊される徳宗を加えても三人）。このため昭穆のシステムにおける「左右の対称性」が著しく損なわれてしまうのである。

上述のとおり、宗廟のプランの理想型は、それぞれ独立した五つの廟を建てて、これを昭穆の序に従って左右対称に配置するというものであった。しかし現実の王位継承は必ずしも嫡長子による相続の原則には従わないので、これに昭穆の制度を適用しようとすると、どうしても昭穆の配列に不均等が生じてしまう。

そこで朝鮮王朝では前朝・高麗の宗廟のプランを踏襲し、そもそも創建の当初から五廟の独立案を放棄していた。そうして中国でもすでに後漢時代から慣例となっていた同堂異室の制度を採用し、歴代の

写真3－1　勤政殿（ソウル・景福宮）2010年2月撮影
景福宮の正殿。ここで王が百官の朝礼を受ける。

王の祭室を西から順番に横一列に配列することで、事実上、昭穆の区別をも廃止してしまった。

もちろん、宗廟の創建時に将来の王位継承のあり方まで予測していたわけではないにしても、昭穆の配置にさまざまな困難が生じるであろうことは充分に予測することができた。このため、当時の知識人たちは強いて左右対称の昭穆の理想型を追求しようとはしなかったのであろう。

こうした横一列の配置により、朝鮮の宗廟においては特に昭穆のアンバランスが問題となることはなかった。しかし逆にいうと、それでは昭穆の序を正しく示すことができず、延いては宗廟の祭祀そのものの意義が根本的に歪められてしまう。このため、壬辰倭乱による焼失の後、宣祖朝に宗廟の再建が始まったときには、宗廟の「正しい」あり方をめぐってさまざまな改革の議論が提起されることになる。その詳細については第五章で改めて検討することにしよう。

第二節　本生父の扱い──「父」か「おじ」か

兄弟による相続は昭穆の数え方に変則をもたらしたが、これと並んでもう一つ、しばしば問題となるのが養子による相続の場合である。本家（本宗）において家督を継承すべき男子が得られない場合、同姓同族の分家（小宗）のなかから養子を迎えることは、中国や朝鮮ではごく一般的な慣例であったが、その場合、実の父親──これを本生父《ほんじょうふ》、または生父《せいふ》という──はもはや「父」ではなく、養子に入った先の義理の父を「父」としなければならない。『春秋公羊伝』成公十五年条に、

人の後と為る者は、これが子と為るなり（為人後者、為之子也）。

とあるのはこの意味である。

養子に入った以上、もはや父を父と呼んではならない。なんとも窮屈な話ではないか。一体、生みの父親を慕う心は人として誰もがもっている極めて自然な感情であるが、こうした「私情」を「礼」によって抑制せよというところに儒教思想のもつ道義性──悪くいえば偽善性──がよく示されている。

ただし、以上は一般論であって、「帝王家」においては帝王のもつ絶対的な尊厳を背景として、その存在を生み出した本生父に対しても子と同等の尊厳を与え、これに皇帝や国王の位を追贈する場合が少なくない。たとえば前漢の宣帝《せんてい》は、叔祖に当たる昭帝《しょうてい》の跡を継いで即位したため、当初は本生父であ

る史皇孫《しこうそん》に対する祭祀を控えていたが、その後、

父、士たるに、子、天子と為れば、祭るに天子を以てす（父為士、子為天子、祭以天子）。

という論法を用いて本生父を「父（皇考）」とよび、祭祀の格上げを行っている（『漢書』武五子伝）。ただし、皇帝として追尊することはなかったのであるが、中国では近世以降における皇帝権力の絶対化とともに、本生父に対する追尊の事例が次第に増加していった。

この場合、追尊された本生父を宗廟に祀るべきかどうか、祀るとすれば昭穆をどのように数えるのか、等々をめぐって礼学上のややこしい問題が数多く発生する。朝鮮王朝の宗廟においても、この種の難問が次々に発生していったことは後述のとおりであるが、それについては先輩格である中国の歴史において、一応の「模範解答」がすでに示されていたので

写真3－2　興礼門（ソウル・景福宮）2009年2月撮影
勤政殿の南に位置する。かつてはこの場所に朝鮮総督府の庁舎が聳え立っていた。

ある。

第三節　先儒の定論――朱子のおしえ

追尊の皇帝や国王に対する処遇の問題は、要は「統序」と「倫序」の矛盾に由来している。宗廟の制度は嫡長子による相続を理想とし、それを前提として組み立てられているが、現実における王位継承は必ずしも嫡長子による相続ではない。このため王位継承の順序（統序）と家族間の序列（倫序）にどうしても食い違いが生じることになってしまう。

この種の問題は、宗廟の制度の本家本元である中国においてもしばしば生じたことであったが、そうした場合の対処方法については、すでに宋朝の時代に一つの模範解答が示されていた。それがいわゆる「先儒の定論」であり、具体的には濮議《ぼくぎ》とよばれる礼論に際して程子（程頤）や朱子（朱熹）などが示した見解であった。

宋朝の「濮議」

北宋の仁宗《じんそう》は後嗣に恵まれなかったため、いとこである濮王《ぼくおう》の子を養子に入れて皇位を継承させた。これが英宗《えいそう》である。しかし彼が即位すると、英宗の生父の濮王を礼制上いかに位置付けるかということが早速問題となった。いわゆる濮議の始まりである（『宋史紀事本末』濮議）。

この点について、当時、儒教知識人の輿論を代弁し、君主に諫言を呈する知諫院《ちかんいん》の職にあった司馬光《しばこう》（一〇一九～一〇八六）は次のように主張している。

——英宗の「父（皇考）」は仁宗であり、濮王は英宗の「おじ（皇伯）」にすぎない。

これはいわば、皇位継承の序列（統序）を優先して家族間の序列（倫序）をこれに従わせるという立場である。司馬光としては、君主がその私情によって本生父を勝手に追尊し、分家（小宗）が本家（大宗）の地位を奪いとるというような、いわゆる奪統《だっとう》の事態が生じることを未然に防がなければならないと考えたわけであろう。

これに対し、やや先輩格である欧陽修《おうようしゅう》（一〇〇七～一〇七二）等の宰相たちは、より穏健な立場から次のように主張した。

——他人の養子（人後）となった場合も親子としての天性に基づく関係に変わりはないので「父（皇考）」と呼んでよろしい。ただし、本生父に対する礼式は格下げして本家（大宗）と分家（小宗）の区別をはっきりさせておかなければならない。

これはつまり、血縁の関係（倫序）は君主によっても妄りに改めることはできないという立場である。しかしこの場合も、君主がその私情に従って本生父を勝手に追尊し、統序を改変して本家の地位を奪いとることにまで賛成しているわけではない。要するに、濮王の追尊に対して司馬光は積極的に反対し、欧陽修は消極的に賛成しているにすぎないということができる。

その後、濮王は皇太后《こうたいごう》（仁宗曹皇后《じんそうそうこうごう》）の命令によって濮皇《ぼくこう》、すなわち皇帝に格上げされることになったが、英宗はこれを辞退した。ただし、生父を「親」と称してもよいことになったので、結局は欧陽修ら宰相たちの主張が通ったといえる。

しかしながら、程子《ていし》（程頤《ていい》、一〇三三〜一一〇七）は「人の後と為る者は、その後《つ》ぐ所の者を謂いて父母と為し、而してその生む所の父母を謂いて伯叔父母と為す（為人後者、謂其所後者為父母、而謂其所生者為伯叔父母）」という原則論に立って欧陽修らの称親論を批判しているし（『通鑑綱目』、『二程集』）、朱子もまた司馬光の議論を支持して欧陽修の議論を退けている（『朱子語類』本朝一、英宗朝）。

程子、朱子の議論は後世に圧倒的な影響を与えた。このため「人の後」となった場合には義理の父のほうを「父」とし、本生父は「おじ（伯父、叔父）」と称して「二親の嫌」（父親が二人となって紛らわしいこと）を避けなければならないという考え方が、いわゆる先儒の定論として定着することになった。

明朝の「大礼の議」

歴史は繰り返す。宋朝の濮議は明朝の「大礼《たいれい》の議」において再燃した（『明史紀事本末』大礼議。『廿二史劄記』大礼之議）。

正徳十六年（一五二一）に崩御した明の皇帝・武宗《ぶそう》（正徳帝《せいとくてい》）には後嗣がなく、このため武宗の父・孝宗《こうそう》の弟である興献王《こうけんおう》の子、すなわち武宗のいとこが皇太后の命を奉じて皇位を継いだ。これが世宗《せいそう》（嘉靖帝《かせいてい》）である。

世宗が即位すると、早速、その生父・興献王に対する祭祀のあり方が問題となったが、この点については宋朝の濮議という前例があるため、官僚たちは当然のように「おじ」の孝宗を「皇考（父）」、本生父の興献王を「皇叔父（おじ）」として祀るように進言した。仮に、興献王を「皇考（父）」として位置付けるとすれば、それによって皇帝の「父」が二人となり、皇位継承の正統性の根拠が曖昧になって、延いては帝国の支配秩序そのものが動揺することにもなりかねない。官僚たちが興献王を皇帝の「皇叔父（おじ）」として位置付けようとしたことは、当然といえば当然であろう。

しかし、世宗はこの提案に釈然としない。そこで世宗の底意を見て取った張璁《ちょうそう》（一四七五～一五三九）という新進の官僚が、世宗の意に迎合して次のように進言した。

――興献王は「皇叔父（おじ）」としてではなく、「皇考（父）」として祀るべきである。興献王を「皇考（父）」とするのは、それが「父子」という天与の関係に基づいているからであって、たとえ皇帝といえどもその血縁関係（倫序）を勝手に改めることはできない。皇位を継承すること（継統）と父子の関係を結ぶこと（継嗣）とはあくまでも別個の問題であって、「おじ」である孝宗を世宗の「皇考（父）」とすること自体が、そもそも無理筋である。要するに、興献王はあくまでも世宗の「父」として別廟に祀り、別廟に祀ることによって「二親の嫌」を避けるべきである、というのが張璁らの主張するところであった。

ところが世宗は、この主張をさらに推し進めて興献王を興献帝、ついで献皇帝として追尊し、ついには睿宗《えいそう》という廟号を贈って宗廟に陞祔するに至った。こうなると、義理の父親である孝宗の存在は邪魔になるので、世宗はこれを「皇伯考（おじ）」に格下げしてしまう。

これはまさしく、分家が本家を乗っ取ってしまう、いわゆる奪統の事態にほかならない。分家の出身の世宗としては、敢えて奪統を行うことによって自己の皇位の正統性を再確立しようとしたのであろう。

迎合か？　偽善か？

王位継承の順序（統序）と現実の親族関係（倫序）に矛盾が生じた場合、結局のところは、倫序を統序に引き付けて改めるか、または統序を倫序に引き付けて改めるかの、いずれか一つの方途しかない。南宋の朱子に代表される儒教知識人たちの議論は、君主がその私情によって統序を恣意的に改変すること——たとえば君臨してもいない人物を皇帝として宗廟に祀ること——に対して一貫して反対の立場を取っていた。しかし宋朝の濮議にしろ、明朝の大礼の議にしろ、現実の政治は常に専制君主の都合に合わせて、その私情に沿った形での決着を見る。

時の権力に迎合する曲学阿世の輩《ともがら》と、それに反対する清議派の官僚たち——という構図は、どの時代にもみられるありふれた光景にすぎない。しかし、清議派の議論が常に正しいのかというと、それは必ずしもそうとのみは言い切れないのではないだろうか？

彼らは父でもない人のことを「父」と呼び、実の父を「おじ」と呼ばなければならないと主張するが、その主張には人間の自然の感情に逆らう「偽善」の要素がしのび込んでくることを、どうしても否定することができない。

司馬光らの議論に反対した欧陽修が「偽（偽善）」に対する警戒を示したのは、まさしくこの点を突いた頂門《ちょうもん》の一鍼《いっしん》といえる。そうして、この偽善に対する懸念は、残念ながら、後にのべる朝鮮王朝の歴史が、まさしくその典型例を示しているといわなければならない。

写真3－3　慶会楼（ソウル・景福宮）2010年2月撮影

写真3－4　香遠亭（ソウル・景福宮）2010年2月撮影
王宮の後方には王の園遊の空間が広がっている。

第四章　王位継承の現実

宗廟の祭祀における昭穆の問題は、結局、王位継承の実態に即して検討していかなければ、その難しさも面白さも伝えることができない。本章では朝鮮王朝における王位継承の現実のなかで昭穆の序列にどのような乱れが生じたのか、そうしてその乱れを儒教知識人たちがどのようにして整序し、矛盾を糊塗していったのかについて概観する。

第一節　太祖から睿宗まで――初期のゴタゴタ

太祖の祔廟

太祖四年（一三九五）に七間（うち石室五間）の宗廟が完成すると、同年、太祖の四親である穆祖・翼祖・度祖・桓祖がさっそく宗廟に祀られた。もっとも、当初は穆王・翼王・度王・桓王という諡号《しごう》で呼ばれていたが、その後、太宗十一年（一四一一）にそれぞれ穆祖・翼祖・度祖・桓祖という廟号が加上されることになった。

残る一室は太祖の廟（室）であるが、ここはわざと空けておいて、ゆくゆくは李成桂、改め太祖李旦が自らの位牌を納める段取りになっていたのであろう。ただし、この段階においてはもちろん太祖という廟号は定まっておらず、さらにいえば、そもそも誰を百世不遷の太祖（始祖）として指定するのかということも確定していない。

朝鮮王朝を創建した太祖（在位一三九二～一三九八）の晩年は、腹違いの息子たちが王位をめぐって互いに殺戮を繰り広げるという悲しいものであった。太祖は末子の李芳碩《りほうせき》を王世子《おうせいし》（世継ぎ）に指定したが、これに反発した異母兄の李芳遠《りほうえん》（後の太宗）らがクーデターを起こして李芳碩を粛清し、太祖は上王《じょうおう》の位に退いて李芳遠の兄の恭靖王（後の定宗）が即位する。さらに、今度は同母兄弟の李芳幹《りほうかん》と李芳遠が対立して前者が追放され、李芳遠は恭靖王の王世子（世継ぎ）に冊立される。やがて李芳遠は兄・恭靖王の譲りを受けて国王として即位し、父・太祖は太上王《たいじょうおう》に祭り上げられたが、太祖と太宗との間には最後まで感情的なしこりが残った。この辺の事情は中村栄孝著『朝鮮――風土・民族・伝統』所収の一文「晩年の朝鮮太祖」に詳しい。

その後、太宗八年（一四〇八）に数え七十四歳で亡くなった太祖はその翌々年、いわゆる三年の喪の明けた太宗十年（一四一〇）に宗廟に陞祔された。これによって宗廟の五室はすべて満室となったが、問題は第一室に祀られている穆祖の取り扱いである。

第五室	太祖	禰
第四室	桓王（桓祖）	祖
第三室	度王（度祖）	曾祖
第二室	翼王（翼祖）	高祖
第一室	穆王（穆祖）	五代祖

図4－1　太宗10年の宗廟

向かって左側（西）の祭室を上座とする。

穆祖は現国王である太宗から見てすでに高曾祖禰の四親の範疇を外れている。その意味では、当然、宗廟の祭祀から除外されなければならない。しかし、それでは廟数（五廟、五室）を満たすことができないので、穆祖はしばらく宗廟にとどまることになったが、これはあくまでも太祖が第一室に収まるまでの便宜的な措置であった。

神徳王后康氏の冷遇

太祖の祔廟に際してその妃も一緒に祔廟される。太祖には神懿王后韓氏、神徳王后康氏という二人の妃がいたが、このうち韓氏は太祖の即位前にすでに亡くなっている。即位後に正式に王妃に冊立されたのは康氏の方で、だからこそ彼女の生んだ末子の李芳碩が当初は王世子に立てられていたのである。

この異母弟を排除して即位した太宗は、康氏に対してよほど含むところがあったのであろう。彼女もまた太祖五年（一三九六）にすでに亡くなっていたが、宗廟に陞祔されたのは韓氏一人で、康氏にはその名誉が与えられなかった。彼女の宗廟への陞祔が許されたのは、太宗に対する気兼ね、遠慮の薄れた朝鮮後期に入ってから。具体的には顕宗十年（一六六九）のことであった。

恭靖王の祔廟

第二代国王の恭靖王（後の定宗、在位一三九八～一四〇〇）は太宗の同母兄で、弟の太宗が即位する以前に、いわば中継ぎとして即位した人物である。このため恭靖王に対する取り扱いには、いろいろと変則的な部分が少なくない。

たとえば、彼は宗廟にこそ陞祔されたものの、当初は廟号もなく、単に明朝から与えられた恭靖王という諡号で呼ばれていた。もともと廟号というものは特別な功徳をもった世室の王にだけ与えるべきもので、後世のように誰にでも廟号を与えるのは「礼」の精神からいえば濫発にすぎない。しかし、このころには廟号を贈ることがすでに当たり前になっていたから、恭靖王にのみことさらに廟号を与えなかったのは、明らかに「太宗」の廟号——通例、二代目に与える——をキープしておくためであったと考えなければならない。

この恭靖王に定宗《ていそう》という廟号が贈られたのは、はるかに下って朝鮮後期、粛宗七年（一六八一）のことであったが、これは後世の儒学者たちが、もっぱら形式的なバランスを考慮して行った措置にすぎなかった。

かくして恭靖王は、弟の太宗に譲位した後、世宗元年（一四一九）に数え六十三歳で亡くなり、三年の喪が明けて世宗三年（一四二一）に宗廟に陞祔された。しかし宗廟の五室はすでに満室であるので、あらかじめ太祖の高祖父である穆祖を永寧殿に祧遷し、翼祖、度祖、桓祖、太祖の位牌をそれぞれ西隣りの祭室に遷して恭靖王のための祭室を一室空けておかなければならない。世宗三年（一四二一）に永寧殿（祧廟）が建てられたのは、まさしくこの祧遷に備えてのことであった。

誰を王朝の「始祖」とするか?

ただし、穆祖を祧遷の対象とすることは、必ずしもはじめから決まっていたわけではない。太祖が王朝の創始者（創業始祖）であることは自明であるが、その一方では穆祖を百世不遷の始祖として位置付けるべきだという考え方も、一つの有力な学説として存在していたのである。

写真4－1　敦化門（ソウル・昌徳宮）2015年９月撮影

昌徳宮は太宗５年（1405）の創建。当時は太祖がまだ存命であったため、太宗は敢えて景福宮への入御を避け、ここを事実上の正宮とした。敦化門はその正門である。

そもそも穆祖は実際に王として即位したわけでもないのに、なぜ彼を始祖とする説が起こったのかというと、それは端的にいえば南宋の朱子の学説の引き写しにほかならない。朱子は宋朝の始祖を「太祖」ではなく太祖の高祖父の「僖祖」に改めるべきであるといい、また太祖・太宗の兄弟、哲宗《てつそう》・徽宗《きそう》の兄弟、欽宗《きんそう》・高宗《こうそう》の兄弟についてもそれぞれを「父子」の継承とみなし、おのおの一世代として昭穆を数えるべきであるといった（『朱文公文集』祧廟議状、并図。面奏祧廟劄子、并図。議祧廟劄子、等）。これは例の「統序」を重視する立場の典型である。

朱子の意見によれば、太祖を始祖とした場合にも太祖の高祖父である僖祖に対してはなんらかの形で祭祀をしなければならない。しかし彼を祀るために別廟を作ると、いわゆる二廟の嫌が生じて王室の正統性の所在が曖昧になってしまう。また太祖の立場から見ても、ご先祖の僖祖を差し置いて自分が始祖として手厚く祀られるというのは極まりが悪い。そこで、僖祖を百世不遷の始祖として宗廟に祀り、太祖は百世不遷の世室として祀れば、いわゆる二廟の嫌も解消されて都合がよいというのである。

しかし、いかに朱子の説とはいえ、実際に即位したわけでもない人物を王朝の始祖として位置付けるというのは、いかにも観念的で不自然な印象を免れることができない。このため世宗三年（一四二一）に穆祖の祧遷の可否、つまり誰を王朝の始祖とするのかが議論されたときにも、結局は太祖を百世不遷の始祖とみなし、穆祖のほうは永寧殿に祧遷することで議論が決着している（『世宗実録』三年七月戊寅条）。

とはいえ、これですべての問題が解決したわけではない。現国王の世宗からみて五代祖の翼祖はすでに高曾祖禰の四親の範疇を外れている。理屈から言えば、翼祖もまた永寧殿に祧遷しなければならない。しかし、世宗三年（一四二一）の段階では父王・太宗が未だ存命であり、太宗から見れば翼祖は高祖父に当たっている。このため、翼祖についてもしばらくは宗廟にとどめて、五廟（五室）の祭祀に充てることにしたのであろう。

第五室	恭靖王（定宗）	伯考
第四室	太祖	祖
第三室	桓祖	曾祖
第二室	度祖	高祖
第一室	翼祖	五代祖

図4－2　世宗3年の宗廟

＊ 属称は世宗からみたもの。

もう一人の始祖

ちなみに言う。太祖李旦（李成桂）の家系は全州李氏に属し、その始祖・李翰《りかん》は新羅の大臣（司空）であったというが、そんな人が本当にいたのかどうかは、もとより保証の限りではない。英祖四十七年（一七七一）、国王英祖は大臣たちの反対を押して全州に肇慶廟《ちょうけいびょう》を

第六室	太宗	禰
第五室	恭靖王（定宗）	伯考
第四室	太祖	祖
第三室	桓祖	曾祖
第二室	度祖	高祖
第一室	翼祖	五代祖

図4－3　世宗6年の宗廟

建て（竣工は翌年）、ここに李翰を祀ることにしたが、国初にそのような議論が起こらなかったのは、要するに、誰もその実在を信じてはいなかったからであろう。

太宗の祔廟

第三代国王の太宗《たいそう》（在位一四〇〇〜一四一八）は、事実上、父から王位を奪い取って即位した人物であるが、その因果か、自らも後継問題ではいろいろと苦労している。当初、嫡長子の李禔《りし》（後の譲寧大君《じょうねんたいくん》）を王世子に指定したが、いろいろと非行が多いためにこれを廃し、その弟の忠寧大君《ちゅうねいたいくん》（後の世宗）を改めて王世子に指定したのである。世宗の王位継承をこの目でしかと見届けるために、太宗は生前に譲位して上王となったが、その後、世宗四年（一四二二）に数え五十六歳で亡くなり、翌々年の世宗六年（一四二四）に宗廟に陞祔された。

このとき、宗廟にはすでに兄の恭靖王が祀られている。しかし、兄弟は昭穆の位を同じくするので、新たに太宗が加わっても全体の世代数（五世）には増減はない。本当のところ、第一室に祀られている翼祖は現国王である世宗からみて五代祖にあたり、すでに高曾祖禰の四親の範疇を外れているわけであるが、このときも五世代の数を満たすために、便宜的に宗廟にとどめることにしたのであろう。

この結果、宗廟の祭室は一室増えて六室となったが、こういう場合は宗廟を増築するか、または「見《げん》廟《びょう》に就《つ》きて直《た》だ坎室《かんしつ》を増《ま》す」かするのが魏晋以来の慣例である（『通典』礼典、兄弟相継蔵主室）。

創建当初の宗廟はもともと七間で、そのうちの石室五間が祭室として使用され、左右の各一間は空き部屋（虚室）となっていた。しかし、太宗の祔廟によって一室の不足が生じたため、下座に当たる東の虚室を石室に作り替えて、合計六室が祭室として使用されることになった。

写真４－２　仁政殿（ソウル・昌徳宮）2015年９月撮影
仁政殿は昌徳宮の正殿。ここで国王が百官の朝見を受ける。

卞季良の主張

とはいえ、諸侯五廟の建前からいうと、六室での運用というのはいかにも体裁が悪い。このため、卞季《べんき》良《りょう》（一三六九～一四三〇）という学者は太宗を恭靖王の「子」とみなし、現国王の世宗を恭靖王の孫とみなして、そのうえで翼祖を永寧殿に祧遷すべきであると主張している（『世宗実録』六年七月乙酉条）。

これは王位継承の順序、すなわち統序を重んじる朱子の学説に従ったもので、その場合、宗廟には「度祖・桓祖・太祖・恭靖王・太宗」の五人を祀ることになる。なるほど、このほうが形式的にはすっきりとしているし、なにより諸侯五廟の建前にも完全に合致している。

写真４－３　宣政殿（ソウル・昌徳宮）2015年９月撮影

宣政殿は昌徳宮の便殿。ここで国王が政務をみる。

卞季良は王位の継承を一種の父子相続に見立て、嫡長子による直線的な継承関係を擬制的に作り出そうとしているのである。

しかしながら、このいかにも形式的な議論は、当時の官僚たちの賛同を得ることはできなかった。卞季良は太宗が恭靖王の「王世子」として冊立された事実を指摘したうえで、当初から太宗は恭靖王の「子」として位置付けられていたのであると主張している。しかし、当時の官僚たちの一般的な感覚としては、所詮、恭靖王は太宗の即位の地ならしをした中継ぎの王にすぎなかったのであろう。

朝鮮王朝は朱子学をその正統イデオロギーとした。しかしながら、当初は必ずしも朱子学万能というわけでもなかったのである。

世宗・文宗・世祖の祔廟

第四代国王の世宗《せいそう》（在位一四一八〜一四五〇）は世宗三十二年（一四五〇）に数え五十四歳で亡くなり、

三年の喪が明けて文宗二年（一四五二）に宗廟に陞祔された。そうしてこれと入れ替わりに世宗の五代祖に当たる翼祖が永寧殿に祧遷される。このとき、現国王の文宗からみて五代祖にあたる度祖もまた理屈からいえば永寧殿に祧遷される順番に当たっていたが、彼を祧遷すると五廟（五室）の数を満たすことができないので、変則的ながら度祖はしばらく宗廟にとどまることになった。

第六室	世宗	禰
第五室	太宗	祖
第四室	恭靖王（定宗）	伯祖
第三室	太祖	曾祖
第二室	桓祖	高祖
第一室	度祖	五代祖

図4－4　文宗２年の宗廟

第六室	文宗	禰
第五室	世宗	祖
第四室	太宗	曾祖
第三室	恭靖王（定宗）	伯曾祖
第二室	太祖	高祖
第一室	桓祖	五代祖

図4－5　端宗２年の宗廟

次に、第五代国王の文宗《ぶんそう》（在位一四五〇～一四五二）は文宗二年（一四五二）に数え三十九歳で亡くなり、三年の喪が明けて端宗二年（一四五四）に宗廟に陞祔された。そうしてそれと入れ替わりに文宗の五代祖に当たる度祖が永寧殿に祧遷されることになった。

このとき、文宗の高祖父にあたる桓祖は、これも理屈からいえば永寧殿に祧遷される順番に当たっていたが、彼を祧遷すると五廟（五室）、五世代の数を満たすことができないので、このときも桓祖はそのまま宗廟にとどまることになった。

さて、ここまでは順当であったが、次に文宗の子が第六代国王（在位一四五二～一四五五）として数え十二歳で即位

第六室	文宗	兄
第五室	世宗	禰
第四室	太宗	祖
第三室	恭靖王（定宗）	伯祖
第二室	太祖	曾祖
第一室	桓祖	高祖

図4－6　世祖朝の宗廟

すると、叔父の首陽大君（世祖）が幼いおいから王位を奪い取ってしまう。廃位された王は格下げして魯山君《ろざんくん》に封ぜられ、山奥の寧越郡《ねいえつぐん》に追放されて、その地で世祖三年（一四五七）に亡くなってしまう。数え十七歳の若さであった。

　しかしながら世祖は魯山君を正統の王とは認めず、したがって彼には廟号もなければ宗廟に陞祔されることもなかった。そのとばっちりは生母の文宗妃《ぶんそうひ》（顕徳王后権氏《けんとくおうごうけんし》）にまで及び、彼女の位牌は夫・文宗を祀る宗廟の祭室から追い出されてしまう。しかし、それ以外については特に変更を加えなかったため、世祖朝の宗廟には世祖の高祖父にあたる桓祖が引き続き第一室に祀られ続けていた。

　これより以前、魯山君の五代祖にあたる桓祖をそのまま宗廟にとどめておいたのは、あるいはこの事態をあらかじめ想定してのことであったのかもしれない。

　その後、儒教的な道徳を重視するいわゆる士林派《しりんは》の政界進出とともに、魯山君への同情心、延いては世祖による王位簒奪への批判が高まり、その結果として、まず中宗八年（一五一三）に文宗妃の復位が実現する。しかし魯山君その人の名誉回復については世祖への気兼ねから慎重論が根強く、士林派が政界の中枢に進出するようになっても、なかなかそれが実現することはなかった。後述するとおり、魯山君に対して端宗《たんそう》という廟号が追贈されるのは粛宗二十四年（一六九八）、彼の死から数えて実に二百四十一年後のことであった。朝鮮王朝の歴史において、世祖に対する批判はそれほどにも絶対的なタブーとみなされていたのである。

一方、第七代国王の世祖《せいそ》（在位一四五五〜一四六八）は世祖十四年（一四六八）に数え五十二歳で亡くなり、三年の喪が明けて成宗元年（一四七〇）に宗廟に陞祔された。しかし文宗と世祖とは兄弟であるので、世祖が祔廟されても宗廟の世代数には増減がない。したがって、このときも桓祖の永寧殿への祧遷は見送られた。

睿宗・成宗の即位

世祖には懿敬世子《いけいせいし》（後の徳宗）という世継ぎがいたが、これは若くして亡くなったため、代わりにその弟が世継ぎとなった。これが第八代国王の睿宗《えいそう》（在位一四六八〜一四六九）である。しかし、睿宗は即位してすぐに亡くなってしまったため、世祖の祔廟の時点においては睿宗のおいの成宗《せいそう》が睿宗の養子として王位を継承している。このため、成宗の初年における宗廟の世代数の数え方は少し変則的となった。

成宗からみて高曾祖禰の四親は「太宗・世宗・世祖・睿宗」の四人であるが、睿宗はこの時点ではまだ三年の喪が明けていないので宗廟に陞祔することはできない。一方、第一室の桓祖は成宗からみれば六代祖に当たり、とっくに四親の範疇を外れているが、それでも五廟（五室）の数を満たすために、睿宗より前の五世代を祀ると考えた場合は「桓祖、太祖、恭靖王・太宗、世宗、文宗・世祖」の七人が引き続き宗廟の祭祀の対象となる。そこで桓祖の位牌は創建時の七間の内の西の虚室を石室に作り替えて

第七室	世祖	祖
第六室	文宗	伯祖
第五室	世宗	曾祖
第四室	太宗	高祖
第三室	恭靖王（定宗）	伯高祖
第二室	太祖	五代祖
第一室	桓祖	六代祖

図4－7　成宗元年の宗廟

ここに遷し、他の位牌も順次西隣りに遷して、一番東端の第七室――かつての東の虚室――に世祖の位牌を奉安することになった（『成宗実録』元年三月庚子条）。

この結果、宗廟の祭室はさらに一つ増えて、この時点で合計七室となる。創建時の七間――石室五間と東西の虚室二間――は、これによって完全に満室となってしまった。

睿宗の祔廟

前述のとおり、世祖には即位時に王世子に冊立した長男（懿敬世子）がいたが、これは世祖三年（一四五七）に早逝してしまった。このため、同年に改めて次男を王世子に冊立したが、これが第八代の国王・睿宗である。ところが彼も即位の翌年（睿宗元年、一四六九）に、数え二十歳の若さで早くも亡くなってしまう。

睿宗には男子が二人いたが、このうち長男は夭折して次男（斉安大君）もいまだ幼少である。このため、世祖妃の貞熹《ていき》王后《おうごう》尹氏《いんし》は睿宗の兄・懿敬世子の次男にあたる成宗（当時、数え十三歳）を特に賢明と認め、彼を睿宗の養子として即位させたうえで、当面は祖母である彼女が垂簾聴政《すいれんちょうせい》を行うことになった。女性は官僚たちと直接面談することができない。このため簾ごしに政務を処理することを垂簾聴政というのである。

かくして三年の喪の明けた成宗三年（一四七二）に睿宗は宗廟に陞祔された。このとき入れ替わりに桓祖が永寧殿に祧遷されているので、宗廟の祭室は一増一減で七室のまま。宗廟の第一室には、ようやく創業の始祖である太祖が収まって、ここで百世不遷の祭祀を享け続けることになる。

一方、永寧殿には太祖の四親である穆祖・翼祖・度祖・桓祖の四人がすべて祧遷されて、これで永寧殿の正殿四間のほうもようやく満室となった。

第七室	睿宗	禰
第六室	世祖	祖
第五室	文宗	伯祖
第四室	世宗	曾祖
第三室	太宗	高祖
第二室	恭靖王（定宗）	伯高祖
第一室	太祖	始祖

図4－8　成宗3年の宗廟

東夾		
正殿	第四室	桓祖
	第三室	度祖
	第二室	翼祖
	第一室	穆祖
西夾		

図4－9　成宗3年の永寧殿

第二節　成宗と燕山君――名君か暴君か

成宗の即位と徳宗の祔廟

第九代国王の成宗《せいそう》（在位一四六九～一四九四）は叔父である睿宗の跡を継いで即位したが、こうした場合、常に問題となるのが成宗の実の父親、いわゆる本生父の扱いである。当初、成宗は本生父の懿敬世子を懿敬王に追尊してこれを別廟（懿敬廟《いけいびょう》）に祀り、実兄の月山大君《げつざんたいくん》にその祭祀を主宰させていたが、これは「先儒の定論」に従い、養子に入った先の睿宗を皇考（父）、本生父の懿敬王を皇伯考（おじ）として位置付けたものにほかならない。

しかし揚名顕親《ようめいけんしん》こそは孝子たるもののつとめ。成宗としては自己の国王としての威信を高めるためにも、ぜひとも本生父にしかるべき尊号を与えなければならない。そこで成宗はまず明朝に奏請して懿敬世子に朝鮮国王の位を追贈してもらい、同時に簡懐《かんかい》という諡を追贈してもらった（成宗五年、一四七四）。もともと懿敬世子は世祖の嫡長子であり、王世子にも冊立されて、いずれは国王となるはずの人物であった。したがって、彼が国王としての待遇を受けることも当然といえば当然である。ましてや明朝から正式に朝鮮国王として認めてもらった以上は、当然、彼を宗廟に祀らなければならない。この場合、中国の古典（『礼記』郊特牲）に、

大夫は敢えて諸侯を祖とせず（大夫不敢祖諸侯）

とあることは、懿敬世子を宗廟に陞祔するための格好の口実となる。つまり、国王（諸侯）となった懿敬世子の祭祀を臣下（大夫）の家に委ねることはできない、というのである。

このため、懿敬世子の祔廟をめぐって当時の朝廷ではさまざまな意見が対立することになった。このうち、首相（領議政）の鄭昌孫《ていしょうそん》（一四〇二〜一四八七）らは原則論を唱えて入廟そのものに反対する立場であったが、これはいわゆる「二親の嫌」を避けるための、朱子学者の常套的な議論といえる。「父」が二人もいては、王位の正統性が揺らいでしまうというのである。

一方、儒臣の梁誠之《りょうせいし》（一四一五〜一四八二）は懿敬世子（懿敬王）の入廟を認め、これを兄として弟・睿宗の上に位置付けることを主張したが、それでも睿宗を父（皇考）、懿敬世子を伯父（皇伯考）として位置づけていることには変わりはない。

結局、成宗は官僚たちの反対論を押し切って本生父の懿敬世子を宗廟に祀り、彼に徳宗《とくそう》という廟号を追贈した。専制君主の威力が官僚たちの反対論を押し切ったかたちである。もっとも、睿宗を父（皇考）とし、徳宗を伯父（皇伯考）とする原則には変わりはないが、この点は成宗なりの精一杯の譲歩であろう。

かくして成宗七年（一四七六）に、成宗の本生父は徳宗という廟号を得て宗廟に陞祔された。しかし徳宗と睿宗は兄弟であり、兄弟は昭穆を同じくするため、宗廟の世代数には増減はない。したがって、このとき恭靖王（定宗）の永寧殿への祧遷は見送られた。

ただし、宗廟の七室はすでに満室であるので、このままでは徳宗を祔廟するための余裕がない。そこで恭靖王は宗廟の西の夾室に遷すことにしたが、これは恭靖王を半分だけ祧遷したような極めて変則的

第七間	第八室	睿宗	禰
第六間	第七室	徳宗	伯考
第五間	第六室	世祖	祖
第四間	第五室	文宗	伯祖
第三間	第四室	世宗	曾祖
第二間	第三室	太宗	高祖
第一間	第一室	太祖	始祖
西夾室	第二室	恭靖王	伯高祖

図 4-10 成宗 7 年の宗廟

な措置であった。

一体、東の夾室に入れると睿宗の下座になって不都合であるが、西の夾室では太祖より上座となってこれも不都合である。しかし、所詮は夾室であるから正室とまぎれる心配はない。そこで東ではなく、西の夾室に押し込むことにしたわけであるが、いずれにしても、これはいかにも苦肉の策であった。

逆祀の問題

徳宗の祔廟に際し、今一つ官僚たちの頭を悩ませた問題は徳宗と睿宗の祭祀の順番である。人倫の秩序（倫序）からいえば、徳宗のほうが兄であるから、徳宗・睿宗の順番となるが、王統の序列（統序）からいえば、国王となったのは睿宗が先であるから睿宗・徳宗の順番となる。この点について、官僚たちは概ね即位の順番（統序）を優先する意見であったが、その論拠となったのは、例によって『春秋』文公二年の「僖公を躋す（躋僖公）」という記事で、これは魯の文公が、父・僖公（僖公は閔公の庶兄）の位牌を僖公の先代の王である閔公（僖公の弟であるが、僖公より先に即位した）の位牌より上座に祀ったことについて、孔子がこれを「逆祀」として批判したことを伝えるための記録、とされている一文であった。

しかしながら、徳宗は嫡長子であるから、庶子であった僖公とは話が違う。それに、徳宗を睿宗の下座に位置付けることにすると、成宗の生母である徳宗妃の昭恵王后韓氏《しょうけいおうごうかんし》――当時は仁粋王大妃《じんすいおうたいひ》と呼ばれていた――もまた睿宗妃の下に位置することになってしまう。「兄の嫁」が「弟の嫁」より下座に位置してよいはずはない。結局、成宗の生母である徳宗妃に対する配慮が優先して、徳宗は睿宗の上座に祀られることになった。

一体、前近代における女性の地位は、女性の「夫」の地位に準じて決定される。成宗の生母として宮中に隠然たる勢力をもった徳宗妃にしても、まずその夫が尊号を受けなければ、自身も尊号を受けることができない。彼女の立場から言えば、まず夫である懿敬世子に徳宗という廟号をあたえ、これを弟の睿宗より上座に位置づけることによって、はじめて自身の宮中における地位を確立することができたのである。

成宗の祔廟

第九代国王の成宗は、成宗二十五年（一四九四）に数え三十八歳で亡くなり、三年の喪の明けた燕山君三年（一四九七）に宗廟に陞祔された。これと入れ替わりに世代の離れた恭靖王と太宗の兄弟が宗廟から祧遷されるはずであったが、太宗は太祖の建国を陰で支えた最大の功労者で、その功徳は百世不遷の世室とするに相応しいものであった。このため太宗は世室に指定されてそのまま宗廟に残り、結局、恭靖王のみが宗廟から祧遷されることになった。

第七間	第八室	成宗	禰
第六間	第七室	睿宗	祖
第五間	第六室	徳宗	伯祖
第四間	第五室	世祖	曾祖
第三間	第三室	世宗	高祖
第二間	第二室	太宗	世室
第一間	第一室	太祖	始祖
西夾室	第四室	文宗	伯曾祖

図 4-11　燕山君 3 年の宗廟

東夾室	第五室	恭靖王
正殿	第四室	桓祖
	第三室	度祖
	第二室	翼祖
	第一室	穆祖
西夾室		

図 4-12　燕山君 2 年の永寧殿

恭靖王の祧遷は成宗の祔廟を見越してその前年（燕山君二年、一四九六）に行われている。位牌については陵墓に埋める案なども検討されたが、結局は永寧殿の東の夾室に落ち着くことになった。もともと永寧殿は太祖の四親を祀る霊廟であるから、太祖より目下の子孫が同じような顔をして入っていくことはできない。そこで太祖の四親とは区別する意味で、正殿より下座の東の夾室に奉安することにしたのである。

一方、恭靖王の位牌を奉安していた宗廟の西の夾室には、次に祧遷される予定の文宗の位牌が奉安されることになった。かつての恭靖王と同様、文宗もまた宗廟から半分だけ祧遷されたような極めて変則的な立場におかれることになったのである。

燕山君

第十代国王の燕山君《えんざんくん》（在位一四九五〜一五〇六）は、折り紙付きの暴君とされる。彼は即位当初、それなりに賢明な青年君主として振る舞っていたが、その後、自身の生母である廃妃尹氏《はいひいんし》のこと——彼女が夫・成宗に対する嫉妬の罪により、成宗の祖母である貞熹王后尹氏《ていきおうごういんし》（世祖妃）、および生母である昭恵王后韓氏（徳宗妃）の命によって中宮の位より退けられ、やがて成宗自らの命によって死を賜わったという事実——を知るに至って、これを口実に儒教的な道徳規範を次々と脱ぎ捨てていった。彼はそれまで自分を縛り付けていた儒教道徳の偽善性を暴露することによって、一般には名君とよばれている父・成宗に対するコンプレックスから自身を解き放とうとしたのであろう。修身・斉家・治国・平天下、……しかし父・成宗は、妻の嫉妬すらなだめることができなかったではないか。

写真４－４　大成殿（ソウル・成均館大学校）2015年１月撮影
大成殿は孔子を祀る霊廟で、これを文廟ともいう。高宗６年（一八六九）重建。

　その後、燕山君十年（一五〇四）に成宗の母である昭恵王后韓氏（徳宗妃）が亡くなると、燕山君はいよいよ自由奔放に振る舞い、王としてよりはむし

写真4－5　明倫堂（ソウル・成均館大学校）2015年1月撮影
明倫堂は大成殿の後ろに位置する成均館の講堂。

ろ詩人として自己の才能を思う存分に振るおうとする。儒教の殿堂たる成均館を廃止し、全国の美女を集めてここに自らの詩の楽園を築こうとした燕山君は、結局、取り巻きの近臣たちに見限られる形で廃位され、彼の王としての治世は無かったことにされてしまう。格下げして燕山君に封じられ、追放先の喬桐島《きょうとうとう》で病死した彼には王としての廟号もなく、したがって彼の位牌が宗廟に祀られることもなかった。

一方、その後釜として担ぎ出されたのは異母弟の晋《しん》山大君《ざんたいくん》で、これが第十一代国王の中宗《ちゅうそう》となる。しかし当時の王統論からいえば、中宗は燕山君の跡継ぎとしてではなく、父・成宗の王統を直接に受け継いで即位したことになるのである。

第三節　中宗から宣祖まで――士林派の成長

中宗とその妃

第十一代国王・中宗（在位一五〇六～一五四四）が丙寅反正《へいいんはんせい》（反正とは正しきに反《かえ》る意）とよばれるクーデターによって即位した際、その妻（慎守勤《しんしゅきん》の女《むすめ》）は、本来なら王の正室として王妃に冊立されるはずであった。しかし功臣たちは、自分たちが粛清した慎守勤の女を王妃として戴くことを嫌い、王に迫って無理やり慎氏を離縁させたうえで、新たに章敬王后尹氏《しょうけいおうごういんし》を王妃として迎えさせる。王妃になりそこなった慎氏は、当然、宗廟には祀られないことになったが、この離婚は功臣たちの利己的な打算によるもので、中宗の本来の意思に基づくものではなかった。このため、中宗十年（一五一五）に章敬王后が亡くなったときには、もともと正妻であった慎氏の名誉を回復し、彼女を王妃として復位させようとする議論が潭陽《たんよう》府使の朴祥《ぼくしょう》（一四七四～一五三〇）、淳昌《じゅんしょう》郡守の金浄《きんじょう》（一四八六～一五二一）らによって提起されたが、この提案は功臣たちの反発によって却下されてしまった。

一方、功臣たちに頭の上がらない中宗は、気鋭の朱子学者として世評の高い趙光祖《ちょうこうそ》（一四八二～一五一九）を登用し、彼に代表される儒教知識人たち――いわゆる士林派――の勢力を自己の権力基盤として新たに育成しようとしたが、士林派の成長は功臣勢力――いわゆる勲旧派《くんきゅうは》――との対立をもたらしたために、結局、最後には自分を推戴した勲旧派と手を結んで趙光祖らの士林派を粛清してしまった。これが中宗十四年（一五一九）の己卯士禍《きぼうしか》と呼ばれる事件で、これより以降、儒教知識人たちによる政界刷新の輿論は、たびたびの弾圧にもかかわらず、かえって高まりを示していく。

こうした歴史的な潮流のなかで、中宗の妻・慎氏の復位を認めるかどうかは、士林派の政界進出の度合を示す一つのバロメーターとなったが、それはなかなか容易なことでは実現を見ない。明宗十二年（一五五七）における慎氏の死後、彼女の名誉回復（復位）が実現するまでにはさらに百八十二年の歳月を待たなければならない。

英祖十五年（一七三九）、慎氏は王妃としての名誉を回復し、端敬王后《たんけいおうごう》と諡《おくりな》されてようやく夫・中宗の待つ宗廟に陞祔された。

文定王后尹氏

一方、慎氏に代わって王妃に冊立されていた章敬王后（尹汝弼《いんじょひつ》の女）は、中宗十年（一五一五）、待望の元子（後の仁宗）を生んだが、気の毒なことに産褥熱に罹って数え二十五歳の若さで亡くなってしまった。前述した慎氏の復位の問題はこのときに提起されたわけであったが、結局それは実現せず、中宗は新たに別の尹氏（尹之任《いんしじん》の女、文定王后《ぶんていおうごう》）を継妃として迎えることになった。ところが、この継妃が中宗二十九年（一五三四）に慶源大君《けいげんたいくん》（後の明宗）を生むと、途端に宮中の雰囲気がなにやらおかしなことになっていった。

早逝した章敬王后尹氏の生んだ元子（後の仁宗）は、中宗十五年（一五二〇）、数え六歳ですでに王世子に冊立されている。彼の王位継承者としての正統性には何の問題もない。しかし実母を失い、したがって外戚勢力からの支援を期待することのできない王世子の地位は、いろいろな意味で不安定となる。これに対し、何といっても宮中で現に勢力をもっているのは継妃の文定王后尹氏である。王世子と継母および異母弟との間にとかくの軋轢が生じることは避けることができない。このため朝廷においても王世子（後の仁宗）を支持する大尹《だいいん》の勢力と、慶源大君（後の明宗）を支持する小尹《しょういん》の勢力とが対立して、大小さまざまな波紋を引き起こすことになった。

仁宗と明宗

第十二代国王の仁宗《じんそう》（在位一五四四～一五四五）は、こうした朝廷内の不穏な雰囲気を刷新するために、己卯士禍によって弾圧を受けた知識人たちの名誉回復を段階的に推し進めようとしたが、志半ばにして数え三十一歳で亡くなってしまった。彼には跡継ぎがなかったため、兄亡弟及の慣例に従って異母弟の慶源大君が王位を継承する。これが第十三代国王の明宗《めいそう》（在位一五四五～一五六七）であるが、即位当時はまだ数え十二歳と幼少であったために、生母の文定王后尹氏が垂簾聴政を行うことになった。しかしながら、仁宗の治世に政界進出への期待を膨らませていた士林派の知識人たちからみると、文定王后による垂簾聴政にはいろいろと不満な点が目につく。特に、宮中において仏教を保護し、普雨《ふう》という僧侶を重用したことなどは、当然、儒教知識人たちの猛反発を買ってしまった。

一方、文定王后の立場から見ると、先代の王・仁宗の遺徳を慕う知識人たちは、息子・明宗に対する潜在的な脅威にほかならない。こうした両勢力の反目のなかで、この時代には士禍《しか》と呼ばれる一連の疑獄事件が頻発した。たとえば、朝鮮儒学の大家・李滉《りこう》（号退渓《たいけい》、一五〇一～一五七〇）にしても、彼は兄の李瀣《りかい》を明宗四年（一五四九）の己酉士禍《きゆうしか》によって亡くしている。

儒教知識人たちにとってはまさに試練の時代であった。しかしその一方では宗廟における祭祀の議論――いわゆる礼論《れいろん》――などを梃子《てこ》として、彼らは政界における影響力を着々と拡大しつつあったのである。

中宗・仁宗の祔廟

宗廟の議論に話を戻すことにしよう。中宗は中宗三十九年（一五四四）に亡くなり、三年の喪の明けた明宗二年（一五四七）に宗廟に陞祔された。この間に、中宗の跡を継いで即位した仁宗が即位の翌年（仁宗元年、一五四五）にすぐに亡くなってしまい、その跡を継いで異母弟の明宗が即位している。仁宗もまた三年の喪の明けた明宗二年（一五四七）に宗廟に陞祔されているので、この年には立て続けに二人の王が祔廟されたということになる。

中宗の祔廟の際、中宗の高祖父に当たる世宗は入れ替わりに祧遷される順番に当たっていたが、彼はその廟号が示すとおり、百世不遷の世室に指定されてそのまま宗廟にとどまることになった。このため宗廟の祭室は一室増えて、合計九室となる。そうしてそこに、さらに仁宗が祔廟されることになった。

仁宗は明宗の異母兄であるが、王位継承の順序（統序）を重視する立場から言えば仁宗は明宗の父（禰）に当たる。明宗が異母兄の仁宗に対しても「三年の喪」に服しているのはこのためである。そこでこの統序に従い、仁宗を禰として宗廟に陞祔すると考えた場合、二昭二穆の中身が入れ替わるので、世代の離れた文宗・世祖の兄弟は宗廟から出ていかなければならない。しかし実際の親族関係（倫序）を重視する立場からいうと、文宗・世祖は現国王・明宗の高祖父の世代に当たり、まだ親が尽きていないので、これらを祧遷させることはできない。いわゆる統序と倫序の矛盾である。

これと同じ問題はかつて恭靖王・太宗の兄弟に関しても議論されたが、そのときの結論では卞季良の議論を退けて倫序による数え方を優先した。したがって、このときも倫序に従って昭穆を数え、文宗・世祖の兄弟はそのまま宗廟にとどめて、そこにさらに仁宗を祔廟することになった。

このように仁宗の祔廟に関して議論が紛糾したのは、彼を宗廟および文昭殿の祭祀から排除しようとする文定王后の底意を察して、儒教知識人たちがこれに強く反発したためであったが、ともかくも仁宗は無事に宗廟に陞祔されたために、結局、宗廟の祭室はさらに一室増えて合計十室となった。

しかしながら、もともとの宗廟は七間しかない。不足する分はこれまで西の夾室を使用することで間に合わせてきたが、その遣り繰りももはや限界に達したため、明宗元年（一五四六）に三間を増築した（『増補文献備考』礼考二、宗廟、廟制）。これは中宗・仁宗の祔

第十室	仁宗	兄
第九室	中宗	禰
第八室	成宗	祖
第七室	睿宗	曾祖
第六室	徳宗	伯曾祖
第五室	世祖	高祖
第四室	文宗	伯高祖
第三室	世宗	世室
第二室	太宗	世室
第一室	太祖	始祖

図4-11　明宗2年の宗廟

第十室	明宗	禰
第九室	仁宗	伯考
第八室	中宗	祖
第七室	成宗	曾祖
第六室	睿宗	高祖
第五室	徳宗	伯高祖
第四室	世祖	世室
第三室	世宗	世室
第二室	太宗	世室
第一室	太祖	始祖

図 4 −12　宣祖 2 年の宗廟

廟に備えてのもので、史料には三間とあるが、実際には予備の一間を加えた四間を増築したのであろう。

この結果、宗廟の建物は旧来の七間に四間を加えて合計十一間となったが、このうち仁宗を祔廟した明宗二年（一五四七）の段階ですでに十室までが埋まっており、余すところは予備の一間のみであった。

明宗の祔廟

明宗の即位当初は生母の文定王后尹氏が垂簾聴政を行っていた。上述のとおり、この時期は士林派への弾圧がたびたび行われて政局は不安定であったが、その文定王后尹氏が明宗二十年（一五六五）に亡くなると、息子の明宗もまた母の後を追うようにして明宗二十二年（一五六七）に数え三十四歳で亡くなってしまう。明宗には順懐《じゅんかい》世子という跡継ぎがいたが、これは早くに亡くなっていたため、結局、おいの河城君《かじょうくん》（後の宣祖）が王位を継承することになった。

宣祖二年（一五六九）、いわゆる三年の喪があけて明宗は宗廟に陞祔された。明宗からみて高祖父の世代に当たる文宗・世祖は入れ替わりに永寧殿に祧遷される順番に当たっていたが、このうち世祖はその廟号が示すとおり、百世不遷の世室に指定されてそのまま宗廟にとどまることになったので、結局、兄の文宗のみが永寧殿に祧遷された（ただし文宗の祧遷の年月については正確な記録がない）。このため宗廟の祭室数は一増一減で、合計十室のままであった。

徳興大院君と宣祖

第十四代国王の宣祖《せんそ》（在位一五六八〜一六〇八）はおじの明宗の跡を継いで即位したが、このような場合、決まって問題となるのが宣祖の本生父である徳興君《とくこうくん》（徳興大院君）の礼制上の扱いである。

宣祖は明宗の王統を継いで即位した。したがって統序からいえば、宣祖は先代の王である明宗を父（禰）として祀ることになる。明宗を父とする以上、「二親の嫌」を避ける意味で、本生父の徳興君を宗廟に祀ることはできない。そこで徳興君については、宣祖二年（一五六九）に徳興大院君として格上げするとともに、これを別廟に祀って実兄の河原君《かげんくん》に祭祀を継承させ、宣祖が主宰する宗廟の祭祀とは区別することになった。

しかしすでに紹介したとおり、成宗の場合は本生父の徳宗を宗廟に祀ることができたのである。にもかかわらず、同じような立場の宣祖にそれができなかったのはなぜであろうか。

徳宗の場合、彼はもともと王世子に冊立されて国王となるはずの人物であった。だから宗廟に陞祔することについても特に問題はなかった、……というのは表向きの理由で、実際には成宗の生母である昭恵王后韓氏（徳宗妃）に対する配慮が宮中において強く働いていたことは容易に推測することができる。

これに対し、もともと庶出である徳興君の子にすぎない宣祖の場合は、母方に確たる政治基盤がない。

このため、宣祖は本生父に国王の位を追贈したり、宗廟に陞祔させたりすることはできず、せいぜい、これを「おじ」として別廟に祀ることしかできなかった。

その後、宣祖三十九年（一六〇六）に通政大夫の金稽《きんけい》というものが徳興大院君を「大王」に追尊することを提案したが、このときも朝廷の大臣たちは「先儒の定論」を盾に取って、こぞって追尊に反対している。結局、宣祖は実の父親に対して大王の尊号を贈ることもできなかったが、それは宣祖の専制君主としての権力基盤の弱さを示しているといってよいであろう。

そうしてその「弱さ」は、この時代の最大の国難である壬辰・丁酉の倭乱（文禄・慶長の役）における彼の国王としての立場にも、陰に陽に影響を与えているのである。

附　朝鮮時代の党争

権力基盤の脆弱であった宣祖朝には、これを補強する意味で士林派の儒教知識人たちが積極的に登用された。度重なる士禍を潜り抜けて、ついに士林派が政界の中枢を占めるにいたったのである。しかし権力を掌握したものは、もはや理想のみを謳っていることはできない。理想を実現するためには権力が必要であるが、権力を維持するためには現実との妥協もまた必要である。このため、宣祖朝より以降、朝鮮王朝の末期に至るまで、士林派の内部にはその時々の政局をめぐって現実との妥協を図ろうとする穏健派と、あくまでも理想を追求してやまない急進派との分裂がみられるようになった。

具体的には、まず穏健派の西人を批判して急進派の東人が権力を握り、次に東人の内部で穏健派の南人と急進派の北人が対立する。一時は北人の勢力が政局を支配するが、これをクーデターで打倒した西人が権力を握ると、今度は西人の内部で穏健派の老論と急進派の少論が対立する。

これは、ある意味ではどの時代にもみられる現実主義と理想主義の対立にすぎない。しかし、その対立が世代を越えて引き継がれ、門閥・学閥と結びついて完全に痼疾化してしまったところに、朝鮮時代の党争の特有の性格がある。

少々筆が先走ってしまった。ここでは、ひとまず「老少南北」の四色党派というものが、朝鮮後期の政治史において決定的な比重をもつということだけを指摘しておきたい。

第五章　礼論と廟制

壬辰倭乱によって焼失した宗廟は、宣祖四十年（一六〇七）に「旧制に仍《よ》りて重修」することが決定されたが、その完成は宣祖の死後、光海君即位年（一六〇八）のことであった。この間、宗廟の再建をめぐって様々な改革案が提起されたが、それは当時の儒教知識人社会における「復古」の理想の高まりを示している。そうしてそれは、単に礼学上の議論にとどまることなく、政治的な権力争い、いわゆる党争にまで発展していくことになった。

本章では宗廟の復古をめぐるさまざまな言説が、やがて深刻な党争を生み出していくまでの過程を概観することにしよう。

第一節　宗廟再建の議論――理想の宗廟をめざして

仮住まいの宗廟

第一章で述べたとおり、焼失後の宗廟の位牌はしばらく長生殿という建物に仮に奉安されていたが、そこでは建物の北壁に第一室（太祖）から第五室（徳宗）までを配置して西を上座とし、建物の南壁に第六室（睿宗）から第十室（明宗）までを配置して東を上座としていたので、ちょうど太祖と明宗の位牌が互いに向き合うような形になっていた（『宣祖実録』二十九年九月壬戌条）。しかし、これはあくまでも仮設の宗廟であって、いつまでもこのままにしておくわけにはいかない。戦後の混乱はなかなか宗廟再建の余裕を与えなかったが、宣祖四十年（一六〇七）に至って国王はついに宗廟の再建を命令した。

五廟の建設論

しかし、せっかく宗廟を再建するのであれば、もっとも理想的な形で再建したい。とかく理想主義に走りがちな儒教知識人としては、誰もがそのように考えたとしても不思議はない。この場合、彼らが理想とする宗廟の制度とは、もちろん中国の古典（『礼記』王制篇）の記述を踏まえたもので、それは具体的には高曾祖禰および太祖の五世代を祀る、ぞれぞれに独立した五つの廟の集合体である。

高曾祖禰はそれぞれ昭穆の序列に従って太祖の廟の左右に配置され、それぞれが一つの廟を占有する。この古《いにしえ》の制度は、後漢の明帝が経費節約の観点から同堂異室の制度、つまり子孫の位牌を太祖の廟（太廟）に間借りして奉安する制度を始めて以降、廃《すた》れてしまったが、これは宗廟の本来の理想を大きく損なうもので、なによりそれでは昭穆の序を正しく示すことができない。このため朱子をはじめとする歴代の儒学者たちは、こぞって同堂異室の制度を批判してきた。

壬辰倭乱による亡国の危機をかろうじて脱した国王宣祖にとって、焼失した宗廟を古典の理想のとおりに再建し、「古制に遵《したが》い倣《なら》って、以て東方の謬《あやま》りを正《ただ》」すことは、王室の権威の再確立を図るという意味では、むしろ千載一遇のチャンスである。

そこで宣祖は弘文館《こうぶんかん》（国王の文芸の諮問に応じる）の儒学者たちに命じて歴代の宗廟の制度を検討させ、ついで礼曹《れいそう》（国家の礼制を掌る）および大臣らに命じて廟制改革の具体案を検討させることにした（『宣祖実録』四十年三月丙寅条)。ところが官僚たちの意見は、宣祖の意に反しておおむね同堂異室の旧来の制度を支持するものであった。

改革の理想と現実

なるほど、中国の古典にみえるプランが理想であることには異論はない。しかし、それを実現させるためにはさまざまな困難があり、なにより建築のための敷地と経費との裏づけを欠く。

また昭穆の配置は左右の対称性を維持するところに眼目があるが、兄弟による相続などの変則的な事例を考慮した場合は、将来にわたってこの対称性を維持することができるという保障がない。中国の唐や宋の宗廟が同堂異室の制度を採用し、各祭室を横並びに配列した理由の一つはこの点にある。

しかし、元や明の宗廟では、古典の記載どおりに個々に独立した廟を建てた場合もあり、また同堂異室であっても太祖の祭室を中央に位置づけ、その左右に昭穆の序列に従って各祭室を配置するというプランを採用した場合もあった。この場合、左右の祭室はそれぞれ中央寄りが上座となる。

そこで朝鮮でも宗廟を再建するに当たって元・明のような左右対称のプランを採用しようとする動きもあったが、その提案も結局は昭穆の対称性を維持することの困難によって退けられてしまった。朝鮮王朝の場合、度重なる世室の増加は昭穆のバランスを崩す決定的な要因の一つとなっており、この世室の配置という難問に対しては誰も抜本的な解決策を用意することができなかったのである。

このため、当初は理想的な改革プランの実現に大いに期待を寄せていた国王宣祖も、結局は「旧制《きゅうせい》に仍《よ》りて重修《ちょうしゅう》」、つまり十一間の祭室を西から順番にずらりと横並びに配列するという、旧来どおりのプランを追認する決定を下すしかなかったのであった。

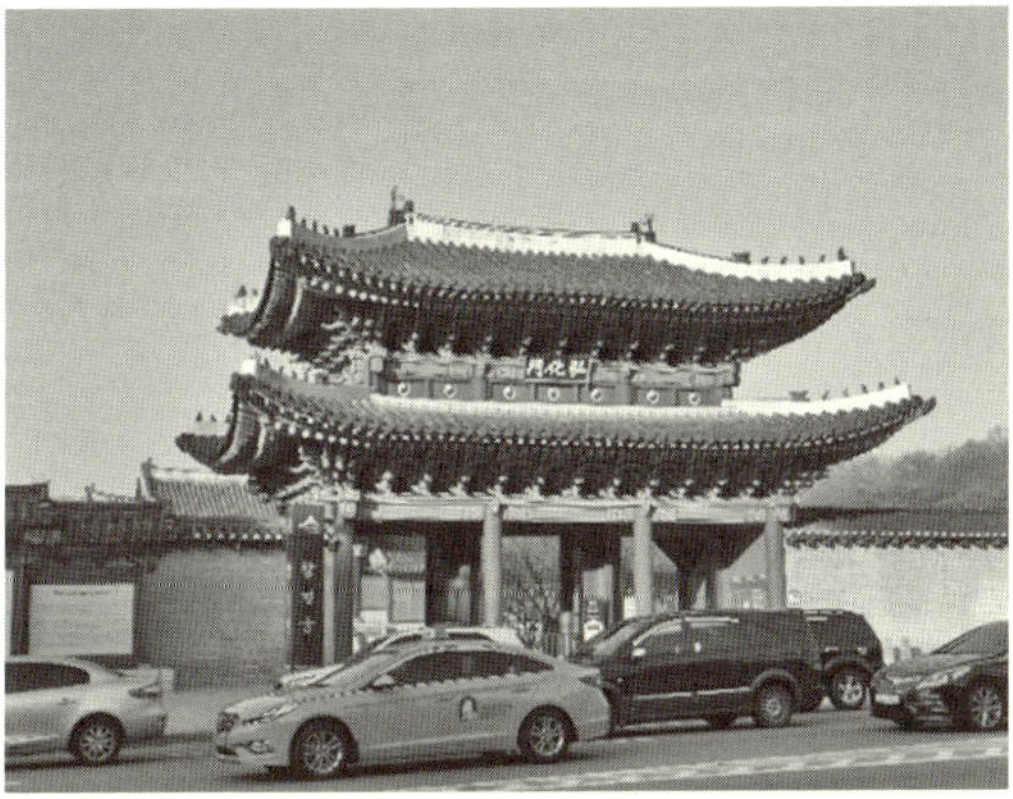

写真５－１　弘化門（ソウル・昌慶宮）2015年12月撮影

昌慶宮は成宗14年（1483）に創建、光海君８年（1616）に重建。通例、大王大妃（王の祖母）や王大妃（王の母）の宮居として使用された。弘化門はその正門である。

いくつかの変更点

「旧制に仍りて重修」された宗廟は、しかし、従前と全く同じであったわけではない。創建当時の宗廟は同堂異室で、各祭室の正面入り口は南向きになっているが、王の位牌を奉安する龕室《がんしつ》（坎《かん》室《しつ》）は祭室のなかの西の壁にあって、位牌は東向きにおかれている。杜佑《とゆう》の『通典』（礼典、諸蔵神主及題板制）に、「主は太廟の室の西壁の中に蔵め、以て火災に備う」とあり、また朱子の説（『朱文公文集』書、与呉晦叔）に「廟は皆南向」、「主は皆東向」とあるので、朝鮮でもこれらの学説をそのままに踏襲していたわけであろう。

　ただし、これらは古代の独立した廟に対する説で、これを同堂異室の宗廟にそのまま適用すると、いささか具合の悪いことになってしまう。同堂異室の場合、各祭室は西を上座として西から東に横並びに配置されるが、各祭室の位牌は祭室の西壁に東向きに配置されているので、これでは子孫の位牌が先祖の位牌に対して「尻」を向けて並ぶという格好になってしまう。

そこで再建された宗廟においては、各祭室の北壁に龕室を設け、位牌は南向きにして奉安することに

写真５－２　明政殿（ソウル・昌慶宮）2015年12月撮影

明政殿は昌慶宮の正殿。王の正殿と区別するため、南面を避けて東向きに建てられている。

写真５－３　明政殿の玉座（ソウル・昌慶宮）2009年２月撮影

なった。「東向」か「南向」か――こういうちょっとしたところにも「礼」の言説における理想と現実のギャップが露呈しているのである。

写真５－４　文政殿（ソウル・昌慶宮）2009年２月撮影
文政殿は明政殿に隣接する控えの御殿（便殿）。

永寧殿の再建

ついでに確認しておくと、永寧殿もまた宗廟と同じ年、つまり光海君即位年（一六〇八）に十間（正殿四間、東西夾室各三間）の規模で再建されている。ここには太祖の四親、および祧遷された恭靖王（定宗）と文宗の位牌が奉安されていたが、その制度については特に変更はなかった。

宣祖の祔廟と徳宗・睿宗の祧遷

宣祖四十一年（一六〇八）、戦乱の時代を何とか乗り越え、宗廟の再建にも一応の道筋をつけた宣祖は数え五十七歳でこの世を去り、翌々年の光海君二年（一六一〇）に宗廟に陞祔された。こちらは光海君即位年（一六〇八）に再建された宗廟である。ちなみに、彼の

第九室	宣宗（宣祖）	禰
第八室	明宗	祖
第七室	仁宗	伯祖
第六室	中宗	曾祖
第五室	成宗	高祖
第四室	世祖	世室
第三室	世宗	世室
第二室	太宗	世室
第一室	太祖	始祖

図 5－1　光海君 2 年の宗廟

東夾		
東夾	第八室	睿宗
東夾	第七室	徳宗
正殿	第四室	桓祖
正殿	第三室	度祖
正殿	第二室	翼祖
正殿	第一室	穆祖
西夾		
西夾	第六室	文宗
西夾	第五室	恭靖王（定宗）

図 5－2　光海君 2 年の永寧殿

当初の廟号は宣宗であり、それが宣祖に格上げされたのは光海君八年（一六一六）のことであった。

一方、宣祖の祔廟と入れ替わりに、宣祖の高祖父の世代に当たる徳宗・睿宗の兄弟が二人同時に永寧殿に祧遷されたが、このときにも少し困った問題が起こっている。永寧殿にはこれまでにも恭靖王（定宗）、文宗の二人が永寧殿の東の夾室に祧遷されていたが、再建時点で東の夾室は三間しかなく、残りは一室しか余裕がない。これでは徳宗・睿宗の二人の位牌を奉安することができないので、恭靖王、文宗の二人には西の夾室に移っていただき、その空き部屋に徳宗・睿宗の二人の位牌を奉安することになった。正殿四間の西、つまり上手に奉安するのは祖先に対して不遜のようであるが、もともと夾室であるから正殿四間とまぎれる心配はない、というのがその理屈である。

この結果、光海君二年（一六一〇）の時点における宗廟の祭室は一増二減で合計九室となり、永寧殿の祭室は合計八室となった。

第二節　礼訟の時代——理想の先鋭化

光海君の廃位

宗廟の再建工事が完成したのは光海君即位年（一六〇八）のことであったが、当時の国王・光海君《こうかいくん》（在位一六〇八～一六二三）は、自身が宗廟に祀られることはなかった。

光海君は宣祖の側室・恭嬪金氏《きょうひんきんし》の所生で、壬辰倭乱の際に王世子に冊立されていたが、その後、宣祖の継妃である仁穆王后金氏《じんぼくおうごうきんし》が永昌大君《えいしょうたいくん》という嫡男を儲けたために、庶子である光海君の王世子としての地位が微妙になった。とはいえ、一旦王世子に冊立された以上、光海君が宣祖の跡を受けて国王として即位したことは当然であったが、即位後も仁穆王后および永昌大君との関係から、光海君は国王としての正統性の問題を抱え続けた。

このため、光海君を支持する北人《ほくじん》の勢力——いわゆる四色党派の一つ——は、永昌大君の推戴を図る勢力を弾圧して永昌大君を死に追いやり、果ては永昌大君の生母で光海君自身にとっても義理の母親に当たる仁穆王后を廃位して西宮（今の徳寿宮）に幽閉してしまった。

これらは光海君および北人勢力にとっては王権の基盤を強化するためのやむを得ない措置であったが、当時の儒教倫理に照らして「廃母の罪」――勝手に父の正妻を廃した罪――を免れることができなかった。このため、光海君は北人と対立する西人《せいじん》の勢力のクーデター（一六二三年の、いわゆる癸亥反正《きがいはんせい》）によって廃位されてしまったのである。

宣祖と仁祖との関係

西人勢力によって担ぎ上げられた国王仁祖《じんそ》（在位一六二三～一六四九）は、宣祖の庶子・定遠君《ていえんくん》（後の元宗）の子で、宣祖からいえば孫に当たる。しかし、仁祖は先代の王である光海君から王位を譲り受けたわけではなく、理屈の上では祖父の宣祖から直接王位を受け継いだことになるので、ここに宣祖と仁祖との礼制上の関係について、いささか面倒な問題が持ち上がることになった。

先代の王のことを禰《でい》という。禰とは父のことであるが、必ずしも血統上の父ではなく、その人から王位を受け継いだ先代の王のことをも禰と呼ぶ。これは例の「統序」を重視する立場からの解釈である。

この解釈によれば、宣祖は血統上、仁祖の祖父であるが、同時に王位継承の順序からいえば仁祖の父（禰）にあたる。仁祖は宣祖の跡継ぎとして、つまり「人の後と為」って即位したのである。とはいえ、仁祖の本当の父親は定遠君であるから、定遠君にもそれ相応の尊称を与えなければならない。そこで仁祖の本生父である定遠君には宣祖朝の先例にならって大院君（定遠大院君）の尊称を追贈し、これを別廟に祀ることにしたが、このとき仁祖の意に迎合して当時の礼官が定遠大院君の位牌に「考（父）」と記したことについては、とかくの議論が絶えなかった。

なるほど、定遠大院君は仁祖の生父であり、宣祖は仁祖の祖父であるが、王位継承の序列（統序）においては宣祖こそが仁祖の父（禰）に当たる。宣祖の跡を継いで即位した以上、仁祖は「人の後と為」ったのであるから、もはや本生父の定遠大院君を考（父）と呼んではならない、という理屈である。

では何と呼ぶべきか？　金長生《きんちょうせい》（一五四八～一六三一）という礼論の大家は、定遠大院君の位牌に「考（父）」と記した礼官の決定を批判し、むしろ宣祖こそが仁祖の考（父）なのであり、定遠大院君のことは「叔父《おじ》」と呼ぶべきであると主張している（『沙渓先生全書』論私廟親祭時祝文属号疏〔癸亥五月〕）。

礼制上、誰を考（父）として位置付けるのかという問題は、これこそが王位の正統性に関わる大問題なのであった。

元宗の追尊

癸亥反正の功臣として活躍した西人勢力の李貴《りき》（一五五七～一六三二）は、この問題を解決するためのもっとも簡便な方法として、仁祖の生父・定遠大院君を国王に格上げし、廟号を与えて宗廟に陞祔すべきであると言った。

実際に即位したわけでもない定遠大院君を宗廟に祀るというのは、いかにも破格のようであるが、朝鮮王朝ではすでに徳宗の前例もある。それに、定遠大院君を国王に追尊すれば、「宣祖─定遠大院君─仁祖」と王位が継承された形になり、「統序」と「倫序」とが矛盾なく合致して、はなはだ都合がよい。李貴は「祖父─父─子」という直系による王位継承が行われたというフィクションを設けることで、仁祖の王位の正統性を確立しようとしたのである。

ところがこの李貴の提案について、大方の儒教知識人たちは激しく反発した。禰とは先代の王という意味であって、必ずしも父のみを意味するわけではない。宣祖は仁祖の禰であるから禰として祀ればそれでよいのであって、むしろ即位したこともない定遠大院君に廟号を与え、宗廟に祀るということのほうが問題であろう。なぜといって、一旦、そのようなことを認めてしまえば、君主は自らの恣意によって私親（本生父）に王としての正統性を賦与し、先代の王（禰）から王としての正統性を奪う、いわゆる奪統の事態を引き起こしかねない、というのである。

光海君から王位を奪っておいて、いまさら奪統もなにもないようなものであるが、ともかく、これが当時の儒教知識人たちの大方の意見であった。このため、李貴の主張は君主の恣意を助長し、君主に迎合する邪論として激しい攻撃を受けることになった。

こうした儒教知識人たちの反発にもかかわらず、仁祖は定遠大院君の追尊の手続きを着々と進めていく。まず仁祖十一年（一六三三）に明朝に奏請して生父の定遠大院君を朝鮮国王に追封してもらい、これを椓子として定遠大院君に元宗《げんそう》という廟号を贈る。そうして仁祖十三年（一六三五）には、ついに元宗を宗廟に陞祔するに至る。これによって仁祖の国王としての正統性が確立したが、これらはすべて、第九代・成宗が本生父の徳宗を宗廟に陞祔したときの先例を踏襲したものであった。

成宗を世室に指定

元宗が祔廟されると、入れ替わりに世代の離れた別の王が宗廟から出ていかなければならない。このとき祧遷の順番に当たっていたのは元宗の高祖父に当たる第九代国王の成宗であったが、成宗はその廟号が示すとおり、『経国大典《けいこくたいてん》』を刊行するなどして朝鮮の国制を大成した偉大な王であるから、無暗に祧遷するのはよろしくない。一つにはこの点が元宗の祔廟に対する反対論の根拠となっていたが、それならば成宗も百世不遷の世室に指定すればよかろう、ということになって、結局、元宗が宗廟に陞祔されても成宗は祧遷されずにそのまま宗廟に居残ることになった。

　この結果、宗廟の祭室は仁祖十三年（一六三五）の時点で一室増えて十室となる。なるほど、成宗は世室として指定されるに相応しい功徳のある王であったかもしれないが、その指定の目的は、要は元宗の追尊に対する反対論を封じるためのもので、いかにも辻褄《つじつま》合わせの印象を否むことができない。

　かくして宗廟の世室は、時の権力者の都合のいいように濫設され

第十室	元宗	禰
第九室	宣祖	祖
第八室	明宗	曾祖
第七室	仁宗	伯曾祖
第六室	中宗	高祖
第五室	成宗	世室
第四室	世祖	世室
第三室	世宗	世室
第二室	太宗	世室
第一室	太祖	始祖

図5－3　仁祖13年の宗廟

ていくことになるのである。

仁祖の祔廟

第十六代国王の仁祖（在位一六二三～一六四九）は、仁祖二十七年（一六四九）に数え五十五歳で亡くなり、三年の喪の明けた孝宗二年（一六五一）に宗廟に陞祔された。このとき、仁祖の高祖父である中宗は永寧殿に祧遷される順番に当たっていたが、彼は燕山君を廃して王朝の秩序を建て直した丙寅反正の功徳によって世室に指定され、そのまま宗廟にとどまることになった。このため宗廟の祭室は一室増えて十一室となったが、これで再建された宗廟の十一間はもはや満室であった。

第十一室	仁祖	禰
第十室	元宗	祖
第九室	宣祖	曾祖
第八室	明宗	高祖
第七室	仁宗	伯高祖
第六室	中宗	世室
第五室	成宗	世室
第四室	世祖	世室
第三室	世宗	世室
第二室	太宗	世室
第一室	太祖	始祖

図５－４　孝宗２年の宗廟

孝宗の即位と祔廟

仁祖には後に昭顕世子《しょうけんせいし》と諡されることになる王世子がいたが、彼は朝鮮が清朝に屈服した丙子胡乱《へいしこらん》（一六三六～一六三七）の結果、弟の鳳林大君《ほうりんたいくん》（後の孝宗）とともに長らく瀋陽《しんよう》で人質に取られていた。その後、一六四四年に清朝が山海関を越えて北京を制圧すると、その祝いとして仁祖二十三年（一六四五）に朝鮮への帰国を許されるが、帰国して間もなく唐突に亡くなってしまう。官僚たちは嫡長子相続の原則に基づき、昭顕世子の子を王世孫に指定することを建言したが、仁祖はなぜか孫を差し置いて弟の鳳林大君を王世子に指名する。そのうえ、昭顕世子の妻（王世子嬪）であった姜氏《きょうし》に賜死の命を下し、彼女に自殺を強要しているところを見ると、どうやら仁祖と昭顕世子との間には、なにかしらすっきりとしない感情的なしこりが生じていたものであるらしい。

第十室	孝宗	禰
第九室	仁祖	祖
第八室	元宗	曾祖
第七室	宣祖	高祖
第六室	中宗	世室
第五室	成宗	世室
第四室	世祖	世室
第三室	世宗	世室
第二室	太宗	世室
第一室	太祖	始祖

図5－5　顕宗2年の宗廟

ともかく、嫡長子相続の原則を曲げ、兄亡弟及の慣例に従って王世子に指定されたのは弟の鳳林大君、後の孝宗《こうそう》であったが、こうした即位の事情が後に重大な論争を引き起こすことになろうとは、まさか父の仁祖は予想だにしていなかったことであろう。

第十七代国王の孝宗（在位一六四九〜一六五九）は、孝宗十年（一六五九）に数え四十一歳で亡くなり、三年の喪の明けた顕宗二年（一六六一）に宗廟に陞祔された。そうしてそれと入れ替わりに、孝宗からみて高祖父の世代に属する仁宗・明宗の兄弟が二人同時に永寧殿に祧遷される。士林派の守護神として世評の高かった仁宗については、これを世室に指定すべきであるとの声もあったが、なにぶんにも在位期間が短かったのでこの提案は却下された。この結果、宗廟の祭室は一増二減で合計十室となり、予備の祭室として一室を余していた。

一方、永寧殿のほうは仁宗・明宗の祧遷によって旧来の十間がすべて満室となってしまったため、顕宗四年（一六六三）に改修に着手したが一旦取りやめ、顕宗八年（一六六七）に至って新たに二間（東西夾室各一間）を増築した。

改修に際しては宗廟と同じようにすべての祭室を同じ規格に改築しようとする意見もあったが、それでは太祖の四親を祀る永寧殿の本来の意図から外れることになるのでこの提案は却下された。この結果、改築後の永寧殿は正殿四間、東西夾室各四間の、合計十二間となり、そのうち東西夾室各一間を予備の祭室として余していた。

東夾				正殿				西夾			
	第十室	第九室	第八室	第四室	第三室	第二室	第一室		第七室	第六室	第五室
	明宗	仁宗	睿宗	桓祖	度祖	翼祖	穆祖		徳宗	文宗	恭靖王（定宗）

図5－6　顕宗8年の永寧殿

三年説と期年説の対立（己亥礼訟）

孝宗の祔廟はいわゆる三年の喪が明けてから行われたが、この間に彼に対する喪の制度をめぐって有名な己亥礼訟《きがいれいしょう》が起こった。これは仁祖の継妃で孝宗の義理の母親、新国王の顕宗にとっては祖母に当たる大王大妃《だいおうたいひ》（荘《しょう》烈王后趙《れつおうごうちょう》氏《し》）の服喪の期間を「三年」とするか「期年（一年）」とするかをめぐっての論争である。

いわゆる三年説の論者は、孝宗が仁祖の跡を継いで即位したことを根拠に、統序を重視する立場から彼を仁祖の「長子」とみなし、古礼に従って三年の喪を行うべきであると主張する。一方、期年説の論者は孝宗を仁祖の「庶子」とみなし、長子である昭顕世子との嫡庶の倫序を乱してはならないと説く。また三年説の論者は「庶子」という言葉を妾腹の子という意味で解釈するが、期年説の論者はこれを長子以外の次男以下のこと、つまり衆子の意味で解釈する。

前者は南人勢力に属する尹鑴《いんけい》・許穆《きょぼく》・尹善道《いんぜんどう》などがその代表であり、後者は西人勢力に属する宋時烈《そうじれつ》がその代表である。

両者の議論にはそれぞれに経学上の根拠があり、一概に当否を論じることは困難であったが、いずれにせよ『経国大典』には「長子」と「庶子」との区別はなく、単に「子」に対しては期年（一年）の喪に服するとの規定を設けているだけであった。このため、ひとまず古礼派の主張は退けられて、大王大妃は期年（一年）の喪に、そうして顕宗は父・孝宗に対する三年の喪に服することになった。

礼訟の再燃（甲寅礼訟）

孝宗の妃は顕宗十五年（一六七四）に亡くなったが、このとき、仁祖の継妃で孝宗の義理の母親にあたる大王大妃（荘烈王后趙氏）は依然として存命であったために、孝宗を仁祖の長子とみなすか庶子とみなすかという、例の論争が再発することになった。

朝鮮王朝の行政法規集である『経国大典』の規定によれば、「長子の妻」に対する喪は「期年（一年）」、「衆子の妻」に対する喪は「大功（九カ月）」と明確に区別されているので、今度はいよいよ誤魔化しようがない。西人派は例によって「庶子」説を維持しようとしたが、現国王の顕宗からみれば自分の父親

第十一室	顕宗	禰
第十室	孝宗	祖
第九室	仁祖	曾祖
第八室	元宗	高祖
第七室	宣祖	世室
第六室	中宗	世室
第五室	成宗	世室
第四室	世祖	世室
第三室	世宗	世室
第二室	太宗	世室
第一室	太祖	始祖

図５－７　粛宗２年の宗廟

のことを「庶子」と言われて面白いはずがない。己亥礼訟の当時は未だ幼年でろくろく自分の意見をもつこともできなかったが、今や専制君主の自覚を高めていた顕宗は、大王大妃（荘烈王后趙氏）の孝宗妃に対する服喪期間を期年（一年）と定めること、すなわち孝宗を「長子」とすることを命じる。しかし、己亥礼訟の是非については溯って再論する暇もないうちに、今度は顕宗その人が亡くなってしまった。

顕宗の祔廟

第十八代国王の顕宗《けんそう》（在位一六五九～一六七四）は、顕宗十五年（一六七四）に数え三十四歳の若さで亡くなってしまい、その位牌は三年の喪の明けた粛宗二年（一六七六）に至って宗廟に陞祔された。

このとき顕宗の高祖父に当たる宣祖は本来なら親が尽きて永寧殿に祧遷される順番に当たっていたが、宣祖は「祖」という廟号の示すとおり、百世不遷の世室に指定することが相応しいとされて、そのまま宗廟にとどまることになった。このため宗廟の祭室は一つ増えて、再び十一室の満室となった。

粛宗朝の党争

顕宗の次にはその長子である粛宗《しゅくそう》（在位一六七四～一七二〇）が第十九代の国王として即位する。嫡長子による相続であるから名分としては全く何の問題もない。しかし即位当時はいまだ数えの十四歳であり、かつ健康面での不安を抱えていたため、これが粛宗朝における王権の不安定要因として作用することになった。

粛宗の時代は、いわゆる党争の最盛期とされる。当初、粛宗は父・顕宗の遺志を継いで己亥礼訟の再検討に取り組み、この問題については南人の主張を支持して宋時烈ら西人の勢力を政界から一掃した。ところがその後、南人の領袖・許積《きょせき》らが謀反を企てたとして粛清され、南人が失脚して西人の勢力が復権を果たす。しかし南人家門出身の張《ちょう》嬉《き》嬪《ひん》が生んだ元子（後の景宗）を王世子に冊立する問題をめぐって粛宗と西人の意見が対立すると、またしても西人の勢力が朝廷から一掃される。このとき、宋時烈は賜死の命を受け、全羅道の井邑《せいゆう》の地で毒杯を仰いでこの世を去った。

これで南人の勢力は盤石、と思われたが、今度は粛宗が西人家門出身の中宮閔氏《ちゅうぐうびんし》（仁顕王后《じんけんおうごう》）と撚《よ》りを戻す。南人勢力の拠り所であった張氏は中宮の位から退けられ、さらには賜死を命じられて再び西人の勢力が復活する。ただし、西人の勢力はこのころすでに老論《ろうろん》と少論《しょうろん》とに分裂しており、南人と手を携えて王世子（後の景宗）を支持する少論の勢力と、王世子の異母弟である延礽君《えんじょうくん》（後の英祖）を支持する老論の勢力とが陰に陽に対立するなか、粛宗はその長い治世を終えることになる。

粛宗四十六年（一七二〇）に亡くなった粛宗の位牌は、その翌々年、三年の喪の明けた景宗二年（一

第十一室	粛宗	禰
第十室	顕宗	祖
第九室	孝宗	曾祖
第八室	仁祖	高祖
第七室	宣祖	世室
第六室	中宗	世室
第五室	成宗	世室
第四室	世祖	世室
第三室	世宗	世室
第二室	太宗	世室
第一室	太祖	始祖

図５－８　景宗２年の宗廟

七二二）に宗廟に陞祔されたが、これと入れ替わりに世代の離れた追尊の王・元宗は永寧殿に祧遷された。したがって宗廟の祭室数は一増一減で変化はない。粛宗が祔廟された景宗二年の段階において、宗廟の祭室数は依然として十一室のままであった。

定宗・端宗の追尊

礼論の喧《かまびす》しかった粛宗朝には宗廟の祭祀に関してもいくつかの重要な変更が加えられている。なかでも恭靖王と魯山君にそれぞれ廟号を与えたことは、王室の統序と倫序の歴史に直接かかわる問題として特に重要である。

先に見たとおり、第一次、第二次の礼訟においては、しばしば王室の尊厳が強調され、帝王家においては統序を重視すべきことが謳われていたが、朝鮮王朝の現実の歴史はむしろ実際の統序を無視し、それを都合よく書き換えることの繰り返しであった。

たとえば第二代国王の恭靖王は、宗廟に陞祔されたものの、結局、廟号を与えられないままに永寧殿に祧遷されてしまった。また第六代国王の魯山君は、特に失政があったというわけでもないのに、単に幼君であるというだけの理由で叔父の首陽大君《しゅようたいくん》（後の世祖）に位を奪われ、そのうえ宗廟に陞祔されることもなかった。このほかにも燕山君・光海君など、宗廟の統序の歴史から抹殺されてしまった王は少なくない。

このうち、燕山君・光海君の名誉を回復することは、中宗・仁祖による「反正」の当為性を否定することになるので、全く検討の余地もないが、少なくとも恭靖王、魯山君の二人に対しては、現に朝鮮国に君臨した王として、歴代の国王と同等の待遇を与えるべきなのではないか？　そのような気分は、とかく形式的な画一性を重んじる儒教知識人たちの間に次第に高まっていく。

その結果、まず粛宗七年（一六八一）に恭靖王に対して定宗《ていそう》という廟号が追贈され、ついで粛宗二十四年（一六九八）には魯山君の名誉を回復して彼に端宗《たんそう》という廟号が追贈される。もっとも、定宗はとっくの昔に永寧殿に祧遷されているし、端宗にしても高曾祖禰の四親の範疇から外れているので、もはや宗廟に祀られる資格はない。結局、端宗はせっかく王としての名誉を回復しながら宗廟に陞祔されることなく、宗廟の歴代の王に挨拶（謁廟）をしただけで、そのまま永寧殿

東夾				正殿				西夾			
第十二室	第十一室	第十室	第九室	第四室	第三室	第二室	第一室	第八室	第七室	第六室	第五室
元宗	明宗	仁宗	睿宗	桓祖	度祖	翼祖	穆祖	徳宗	端宗（魯山君）	文宗	定宗（恭靖王）

図５－９　景宗２年の永寧殿

に奉安されることになった。

粛宗朝に行われた定宗や端宗に対する廟号の追贈は、今日の私たちからみると、単なる形式上の辻褄合わせとしかみえない。とはいえ、彼らに対する名誉回復の過程は、それ自体が朝鮮王朝の歴史における一つの里程標であったといっても過言ではあるまい。言い換えると、それは王朝の歴史に偉大な足跡を残した太宗や世祖などの専制君主に対するタブーの意識が次第に薄れていく過程であり、絶対君主の尊厳に対してそれを相対化していく儒教知識人たちの輿論の力の高まりを示しているのである。

ちなみに、端宗はすでに永寧殿に祀られていた文宗の下座、徳宗の上座に祀られることになった。このため、徳宗の位牌は西夾第三室（通算して第七室）を端宗に譲り、たまたま空き部屋になっていた西夾第四室（同じく第八室）に遷されている（『粛宗実録』二十四年十二月甲子条）。

その後、景宗二年（一七二二）の粛宗の祔廟にともない、粛宗の高祖父に当たる追尊の王の元宗が永寧殿の東の夾室に祧遷されているので、これで永寧殿の祭室十二間はすべて満室となってしまった。

景宗の祔廟と宗廟の増修

第二十代国王の景宗《けいそう》（在位一七二〇〜一七二四）は、景宗四年（一七二四）に数え三十七歳で亡くなり、三年の喪の明けた英祖二年（一七二六）に宗廟に陞祔された。位を引き継いだのは異母弟の英祖《えいそ》である。

景宗を英祖の禰として数えた場合、つまり統序に従って孝宗・顕宗・粛宗・景宗の四代を高曾祖禰に充てる場合は、これと入れ替わりに第十六代の仁祖を永寧殿に祧遷しなければならない。しかし仁祖は

第十二室	景宗	兄
第十一室	粛宗	禰
第十室	顕宗	祖
第九室	孝宗	曾祖
第八室	仁祖	高祖
第七室	宣祖	世室
第六室	中宗	世室
第五室	成宗	世室
第四室	世祖	世室
第三室	世宗	世室
第二室	太宗	世室
第一室	太祖	始祖

図5-10　英祖2年の宗廟

現国王である英祖の高祖父に当たるのでまだ親は尽きていない。ここでも統序と倫序の矛盾が問題となる。しかし、こういう場合は倫序に従って昭穆を数えるのが国初以来の慣例であるし、また仁祖は癸亥反正の功徳によって粛宗九年（一六八三）に早々と世室に指定されているので、当然、祧遷の対象からは除外される。この結果、宗廟の祭室はさらに一室増えて、英祖二年（一七二六）の段階で合計十二室となった。

もっとも、壬辰倭乱の後に再建された宗廟は十一間で、祭室はすでに満室である。これでは景宗を祔廟することができないので、同年（英祖二年）に宗廟の祭室四間を増築した（『増補文献備考』礼考、廟制）。これは以後も引き続く世室の増加に備えたもので、結局、この段階における宗廟の建物は十五間、うち三間は予備の空室であった。

第三節　宋時烈の廟制改革論――朝鮮随一の朱子学者

両宋儒賢

英祖朝以降の宗廟については後章に譲り、ここで一旦、話を廟制改革の議論に引き戻すことにしよう。廟制改革をめぐる議論の主役ともいうべき宋時烈《そうじれつ》（一六〇七～一六八九）は、朝鮮時代を代表する朱子学者で、いわゆる「道学先生」の典型である。彼とその竹馬の友である宋浚吉《そうしゅんきつ》（一六〇六～一六七二）は、併せて両宋儒賢《りょうそうじゅけん》と呼ばれ、西人系の儒学者、李珥《りじ》、金長生《きんちょうせい》、金集《きんしゅう》の学統を受け継ぐ最も正統的な朱子学者として国家の尊崇を集めてきた。もっともそれは西人の中でも老論と呼ばれるグループの主張で、これと対立する少論や南人のグループに属する人々は、この両宋儒賢に対して必ずしも満腔の賛辞を捧げていたわけではなかった。

宋時烈に対する毀誉褒貶は、さながら朝鮮後期における政治史（党争史）の主題を占めているといっても過言ではない。ここでは宋時烈が提出した廟制改革論のうち、そのいくつかを示して、彼に対する各党派からの評価の一端を窺うことにしたい。

誰を始祖とするか？

宗廟の始祖として誰を祀るか？　この問題は世宗三年（一四二一）に永寧殿を創建した段階ですでに決着済みであったが、それを顕宗二年（一六六一）の段階で今更のように蒸し返したのが宋時烈であった。

この年、三年の喪の明けた孝宗を宗廟に陞祔し、入れ替わりに仁宗・明宗の兄弟を二人同時に永寧殿に祧遷することになったが、それにしても二人を一遍に祧遷するのは少々恐れ多いのではないかというような疑念もあり、念のため懐徳県に隠遁していた儒賢の宋時烈にも意見を求めたところ、彼はこれ幸いとばかりに宗廟に関する極めて抜本的な改革を提起したのであった（『宋子大全』議祧廟疏〔辛丑五月〕）。

宋時烈の議論は、有体にいえば、彼が心酔する朱子の廟制論の引き写しにすぎない。朱子は宋朝の始祖を太祖ではなく僖祖に改めるべきであるといった。また太祖・太宗の兄弟、哲宗・徽宗の兄弟、欽宗・高宗の兄弟をそれぞれ「父子」の継承とみなし、それぞれを一世代として昭穆を数えるべきであるといった（『朱文公文集』面奏祧廟劄子、并図）。宋時烈はこの朱子の議論を朝鮮王朝にそのまま当てはめたうえで、太祖ではなく穆祖を始祖として宗廟の第一室に祀るべきであること、仁宗・明宗は「父子」の継承とみなしてそれぞれを一世代として昭穆を数えるべきであること、等々を主張したのであった。

宋時烈が問題としたのは、宗廟と永寧殿とが別々に存在することによって、いわゆる「二廟の嫌」が生じ、王室の正統性の所在が曖昧になることである。その点、穆祖を始祖としたうえで、歴代の王位の継承をすべて「父子」による相続とみなし、嫡長子による相続の形を擬制的に作り上げれば、二廟の嫌も解消され、宗廟における統序のラインはすっきりとする。しかし、その改革議論はいかにも観念的で、自然の人情としては到底受け入れることができない。儒賢・宋時烈がいかに世人の尊崇を集めていたとはいえ、世宗三年（一四二一）の時点ですでに結論の出ていた議論を二百年後にいまさら蒸し返されても困惑するばかりである。

当時の政府の中枢は、いずれも宋時烈を尊崇する西人勢力によって占められていたが、さすがにこの議論は時勢から遊離しているので、そのまま沙汰やみとなってしまう（『顕宗実録』二年五月丁巳条）。その後、英祖元年（一七二五）に成震齢《せいしんれい》という学者が性懲りもなく宋時烈の説を祖述し、穆祖を始祖として第一室に祀ることを提議しているが、これも迂儒《うじゅ》の空論として却下されてしまったことは当然であった（『英祖実録』元年十二月戊子条）。

孝宗を世室に指定

「始祖」の問題については空振りに終わったものの、宋時烈の改革議論が実際に採択された事例は少なくない。そのなかでも、宋時烈が自らの功績として最も誇らしく思っていたことの一つは、孝宗を世室に指定することを国王粛宗に建言してそれを実現させたことであった。

宋時烈の提案によると、孝宗こそは「天地飜覆《ほんぷく》、義理晦塞《かいそく》」の時代、すなわち明朝が滅んで満洲人の清朝が中国を支配した時代において、ひとり「北伐」の大義を掲げて「三綱五常」の人倫の秩序を護持した名君であった。いわゆる北伐とは、孝宗が実際に進めていた清朝打倒の計画をいう。なるほど実質的な功業は伴わなかったとしても、北伐の理念を掲げたことそれ自体が不朽の功績といえる。したがって、今こそ孝宗を世室に指定し、人心を刷新して「七日の復」に備えなければならない、というのである（『宋子大全』請以孝宗大王廟爲世室疏［癸亥二月二十一日］）。

「七日の復」とは、中国の古典（『易』復卦）に「その道を反復す。七日にして来り復す（反復其道、七日来復)」とあることを踏まえたもので、要は清朝が滅亡して「中華」の王朝が復興することを期待する言葉。曜日が七日ごとにめぐってくるように、いつしか中華の王朝が復興するときが必ずやってくる。そうしてその時にこそ、孝宗の掲げた「北伐」の理念が燦然と輝くことになるであろう、というのである。

とはいえ、孝宗の祧遷はまだまだずっと先の話。具体的には、後世、高曾祖禰の四親の範疇から外れたときに決めればよい事柄であるのに、それをここで先走って議論しているのは、それだけ「天地飜覆、義理晦塞」の時代状況に対する宋時烈の危機意識——むしろ人々がその状況にすっかり慣れてしまっていることに対する危機意識——が強烈であったということにほかならない。

宋時烈のこの提案は、当時の西人政権において大方の支持を得たが、ひとり朴世采《ぼくせいさい》（一六三一〜一六九五）のみはあまり気乗りのしない反応を示している。この二人の間には、このころから少しずつ溝が広がりつつあったのである。

廟号と諡号

宋時烈が次に提起したのは太祖の諡号の問題である。

宗廟の位牌には王の廟号と諡号が書かれているが、このうち廟号というのは太祖、太宗などの廟の呼び名で、これは本来、特別に功徳のあった君主にしか付けないものであった。しかし、中国では古くから廟号のインフレが進み、大概の君主にはほぼ例外なく廟号が与えられるようになっていった。この点は朝鮮王朝においても同様であるが、太宗の兄の恭靖王については当初は廟号を与えず、また廃位された魯山君、燕山君、光海君については宗廟の祭祀から除外したために、当然、廟号を与えることはなかった。ただし、恭靖王(定宗)、魯山君(端宗)に対しては後になって廟号を追贈したが、その経緯については前述のとおりである。

一方、諡号というのは故人の生前の徳をたたえるために没後に贈られる称号のことで、たとえば太祖は「康献至仁啓運聖文神武大王」といい、太宗は「恭定聖徳神功文武光孝大王」という。このうち、太祖の「康献」、太宗の「恭定」は、それぞれ上国である明朝から贈られた諡号であり、残りの「至仁啓運聖文神武」、「聖徳神功文武光孝」は朝鮮の自前の諡号である。明朝の諡号は、王の薨去後に朝鮮のほうから奏請して付けてもらった特別のものであるから、位牌においてはまず明朝の諡号を掲げ、次に朝鮮の自前の廟号・諡号を掲げる。明朝の諡号を優先して記すことは、もちろん、上国明朝に対する「事大」の誠意の表れである。

ところが、同じ諡号でも清朝から贈られた諡号については朝鮮ではこれを一顧だにせず、位牌にもこれを書き入れていない。満洲人の建国した清朝に対する倒錯した蔑視観の表れである。このため朝鮮後期の諸王の位牌は、通例、朝鮮の自前の廟号と八字の諡号を書き連ねるのみであったが、実際には清朝から贈られた諡号も存在していることを忘れてはならない。たとえば、仁祖の諡号は荘穆といい、孝宗の諡号は忠宣という。清朝に向けて提出する奏文や咨文では、朝鮮後期の歴代の王のことは、当然、清朝から与えられたこれらの諡号でもって呼称している。

なお、大韓帝国による廟制の改革により、明朝の諡号は太祖以下の歴代の位牌から削除されることになるが、この点についてはもう少し後のところで論及することにしよう。

参考として、『宗廟儀軌《そうびょうぎき》』の「各室位版題式」の項に見える歴代の王の位牌の表記を示すと**別表**（次頁）のとおりである。これは粛宗朝のもので、当時の宗廟は合計十一室であったが、このうち第八室の元宗までは「有明　贈諡〇〇」と麗々しく記されているのに、第九室の仁祖以降にはその記述がないことに注目していただきたい。本来なら「有清　贈諡〇〇」と書かなければならないところなのに、朝鮮の人々の屈折した自尊意識がその表記を抹消しているのである。

世祖と宣祖

次頁の別表を御覧になった方は、一見して、二人の王が突出していることにお気づきになったことであろう。上国明朝から与えられた二字の諡号を別にすると、朝鮮国王の諡号は通例八字で構成されているが、世祖と宣祖だけは例外的に八字を上回る長大な諡号を有している。具体的にいうと、世祖は「承天体道・烈文英武・至徳隆功・聖神明睿・欽粛仁孝」の二十字の諡号をもち、宣祖は「正倫立極・盛徳洪烈・至誠大義・格天熙運・顕文毅武・聖睿達孝」の二十四字の諡号をもつ。諡号というのは死者の生前の徳をたたえるものであるから、それは長ければ長いほどよい（「多を以て貴と為す」）。このため通例であれば八字に限られている諡号も、世祖と宣祖については特に功徳のあった王として例外的に八字を上回る長大な諡号が贈られているわけである。

別表５−１　各室位版題式（粛宗朝）

【宗廟】
（第一室）　有明　贈謚康献・太祖・至仁啓運・聖文神武大王
（第二室）　有明　贈謚恭定・太宗・聖徳神功・文武光孝大王
（第三室）　有明　贈謚荘献・世宗・英文睿武・仁聖明孝大王
（第四室）　有明　贈謚恵荘・世祖・承天体道・烈文英武・至徳隆功・聖神明睿・欽粛仁孝大王
（第五室）　有明　贈謚康靖・成宗・仁文献武・欽聖恭孝大王
（第六室）　有明　贈謚恭僖・中宗・徽文昭武・欽仁誠孝大王
（第七室）　有明　贈謚昭敬・宣祖・正倫立極・盛徳洪烈・至誠大義・格天熙運・顕文毅武・聖睿達孝大王
（第八室）　有明　贈謚恭良・元宗・敬徳仁憲・靖穆章孝大王
（第九室）　仁祖・憲文烈武・明粛純孝大王
（第十室）　孝宗・宣文章武・神聖顕仁大王
（第十一室）　顕宗・純文粛武・敬仁彰孝大王

＊「贈」字の上の空格は「贈」の主体たる明朝皇帝に対する敬意を示すための闕字。なお、読みやすくするために適宜中黒（・）で区切りを入れた。（典拠：『宗廟儀軌』）

例外といえば、そもそもこの二人は廟号からして破格である。廟号には通常「祖」または「宗」の文字がもちいられるが、このうち「祖」とは「始」の意で、始めて天命を受けた王朝の始祖のことをいい、「宗」とは「尊」の意で、徳の尊ぶべきものあることをいう（『漢書』景帝紀、顔師古注）。したがって廟号に「祖」とつくのは、通例であれば、王朝の創業の始祖である「太祖（李旦）」に限られるわけであるが、後世の解釈では「功あるものもまた「祖」と称す」（宋・劉攽《りゅうひん》注）といい、特別に功徳のある君主については王室の始祖でなくても「祖」と呼んでよいということになった。

このため、クーデターによって政権を獲得した世祖は、事実上の第二の建国者として「世祖」の廟号を与えられ、また壬辰の乱によってほとんど滅亡の淵に瀕していた朝鮮王朝を建て直した宣祖は、当初こそ通例どおり「宣宗」という廟号を贈られていたが、その後、第三の建国者として光海君八年（一六一六）に「宣祖」と追尊されることになったわけである。諡号といい、廟号といい、この二人がいかに突出した存在であったかがお分かりいただけたものと思う。

宋時烈の提案

歴代の王のなかでも世祖と宣祖は特に突出した待遇を与えられている。しかし、第一の「祖」である太祖が、通例どおり八字の諡号しかもっていないことは、子孫である世祖、宣祖に比してあまりにもバランスを失しているのではないか。そもそも、太祖の八字の諡号のうち、「啓運神武」の四字は生前の尊号をそのまま引き継いだもので、明朝からもらった「康献」の二字を別とすれば、純然たる諡号は「至仁聖文」の四字にすぎない。この際、太祖に対してもさらに四字の諡号を追加して合計十二字とすべきである……。

このように考えた宋時烈は、太祖に対して新たに「昭義正倫」の四字を加上することを提案した（『宋子大全』熙政堂奏劄二）。ところが、この一見なんでもないような提案が、宋時烈（老論）と朴世采（少論）との決裂という、党争史上の重大な結果をもたらすことになるのである。

尊周大義

宋時烈が提案した「昭義正倫」という諡号は、具体的には太祖が威化島回軍《いかとうかいぐん》を決行して「尊周の大義」を内外に示したことを意味している。

威化島回軍とは高麗末に遼東遠征を命じられた李成桂（後の朝鮮太祖）が鴨緑江の中洲の威化島で軍を回《めぐ》らしてクーデターを起こし、時の国王（辛禑《しんぐ》）を廃位に追い込んだ事件をいい、尊周の大義とは中国古代の周の正統を受け継ぐ明朝に対して朝鮮が服属したことの大義名分を意味している。当時の高麗国王（辛禑）は明朝に対して叛逆の意思を抱き、李成桂に明の領土である遼東への進軍を命じたが、李成桂はその非礼を正すために敢えて「回軍」を決行したというのである。

この威化島回軍をきっかけとして朝鮮王朝が成立し、朝鮮という国号それ自体も明の太祖（洪武帝）の選択によって定められた。さらに、壬辰・丁酉の乱（文禄・慶長の役）においては明朝からの援軍を得て亡国の危機を脱するという、いわゆる「再造の恩」を受けることになったが、それもこれも、すべては太祖が示した尊周の大義の賜物である。だからこそ、その功徳を特筆大書する意味で、太祖にはそれにふさわしい諡号を加上しなければならない……。以上が宋時烈の提案の大筋であった。

朴世采の反論

ところがこの尊周の大義に対し、朴世采はすこし突き放した冷淡な評価を下している。宋時烈は太祖の八字の諡号のうち、四字は生前の尊号にすぎないというが、それを諡号に組み入れたからといって八字の定数が不足しているということにはならない。それに回軍は太祖が即位する以前の話であるから、そもそも帝王としての事業とは区別すべきである。要するに、いまさら形式的な議論にとらわれて諡号を追贈する必要はない、というのが朴世采の意見であった。

一体、諡号を加上するとなると、単に名前だけのことではなく、位牌そのものを改作しなければならなくなる。神聖な位牌を妄りに改作することは恐れ多いので、朴世采以外にも反対論、ないし慎重論を唱えるものは少なくなかった。しかし結局は宋時烈の提案が通り、ただし、諡号は「昭義正倫」ではなく「正義光徳」の四字を加上することになった。これが粛宗九年（一六八三）のことで、このころから老論と少論の亀裂がしだいに露わになっていくのである。

宋時烈の本意

もっとも、宋時烈（老論）と朴世采（少論）の不仲は、必ずしもこの諡号の問題だけから起こったことではない。むしろ、朴世采の盟友でもある尹拯《いんじょう》（一六二九～一七一四）と、その師・宋時烈との確執こそが、いわゆる老論（宋時烈）と少論（尹拯、朴世采）との分裂を決定づけることになったが、その詳細は他書（幣原坦『韓国政争史』等）に譲ってここでは論及しないことにしよう。

ともあれ、自分より若い世代の人々（少論）の間では、もはや尊周の大義が一種の空言として受け止められているということは、宋時烈本人も充分に認識していたのである。しかし、それを認識していたからこそ、なおさらその大義を声高に主張しなければならなかったわけであろう。

この点について、宋時烈の語録には次のような興味深いエピソードが記されている。

あるとき、門弟の崔慎《さいしん》という人が宋時烈に訊ねていった。

——太祖の威化島回軍を顕彰することは、実のところ、今日只今の治乱や国家社会の安危とは無関係であるのに、先生が強いてこの問題を取り上げて、結局は同志と袂《たもと》を分かつことになってしまったのは、一体どうしてでしょうか？

先生がおっしゃるには、

——朴和叔（朴世采、字和叔）の主張するポイントは、『春秋』では魯の先君に対しても批判を避けていないというところにある。しかし後世の臣子が君父を尊崇するやり方は、聖人が春秋の筆法を振うやり方とは大いに違っている。……太祖は国を得るために回軍したのであって、尊周の意を示すために回軍したのではない、と和叔はいう。……なるほど、直接には国を得るために回軍したのであるとしても、それによって示された尊周の大義がその価値を失うことはないのだ。……それに今日のこの状況でなければ、どうしてわざわざ朝廷に建白を行う必要があっただろうか。今日の人は、甘んじて「虜」に服属し、もはや尊周の義のあることを知らない。だからこそ、人々に尊周ということの意義を知らしめなければならないのだ。その結果、同志のなかに異論が起こって袂を分かつことになってしまったとしても、どうしてそれを顧慮して建白をやめることができただろうか。……（金鎮玉「宋門記述」）

萬東廟

かつて大真面目で清朝に対する復讐戦（いわゆる「北伐」）を構想していた孝宗が亡くなって以降、尊周の大義がもはや空洞化しつつあることは、宋時烈自身も痛切に自覚している。だからこそ、彼と彼の遺志を継ぐ人々（老論）は、尊周の大義を何らかの形で具体化して後世に伝えていかなければならなかった。

その一つが有名な華陽洞の萬東廟《ばんとうびょう》であり、ここには滅亡した明朝の萬暦帝《ばんれきてい》と崇禎帝《すうていてい》が、清朝に服属する朝鮮国の内部で秘かに祀られていた。中国大陸においては、河川はたいてい東に流れている。紆余曲折はあっても必ず東に向かう（萬折必東）。それと同じように、朝鮮の人々の尊周の思いは、満洲人（清朝）の支配下にあっても必ず貫徹されるというのである。そうしてこの尊周の大義は、宗廟の制度においては孝宗を世室に指定したこと、および太祖に「正義光徳」の四字の諡号を加上したことによって示されていた。

しかし、尊周の大義に対する態度は、党派によってかなり温度差がある。この大義にもっとも熱心であったのは言うまでもなく老論であり、これに対して少論はやや懐疑的、南人ははっきりと冷笑的であった。そうしてそのことは、次に引用する清州華陽洞の煥章庵《かんしょうあん》（明の崇禎帝の御筆の書を奉安する）の老僧のエピソードに生き生きと描き出されている。

その老僧が言うには——


最初、洞口に入ると山川を見回して「すばらしい、すばらしい」といい、半ばに至ると僧侶を呼びつけ、華陽書院に至るや傲然とふんぞりかえって、手を振りながら足早に歩き回り、喋り散らしながら萬東廟を通り越して全く敬意を払わないものは南人。

洞に入ってもあまり細かくは観察せず、華陽書院・萬東廟についても、足早に通り過ぎ、煥章庵につくと、こまごまと僧侶の落ち度を咎めたてて、しつこく責め立てるものは、少論。

洞につくや、ひたすらに山水を鑑賞し、華陽書院・萬東廟に差しかかっても尊敬を払わないとはいえ、それほど妄りがましい態度はなく、少論のように足早に通り過ぎるわけでもないものは、北人。

洞に入るや、あれこれと応対に暇がなく、あるいは谷川のほとりに座し、あるいは岩によりかかり、華陽書院につくと、謹んで廟庭で拝礼し、こまごまと書籍を閲覧して感嘆してやまず、萬東廟

> に着くと、軒端を望み見ただけで早くも恐縮した気持ちになり、殿内を見学し、殿階をうろついて鞠躬如《きくきゅうじょ》として殿庭を通り過ぎ、煥章庵につくと、僧徒の生涯についてこまごまと質問し、夜に入ると、老僧を招いて山中の古蹟についてながながと質問するものは、老論。（具樹勲『二旬録』下）

老少南北の党派を問わず、華陽洞の一帯は士大夫として浩然の気を養うための遊山の場であったが、そこに建てられた華陽書院・萬東廟に尊周の大義を認めるかどうかで、そこを訪ねる知識人たちの態度は全く異なっていたのである。

萬東廟と大報壇

萬東廟は宋時烈の遺志を継いだ弟子の権尚夏《けんしょうか》（一六四一～一七二一）が華陽洞に建てた私設の霊廟であり、そこでは滅亡した明の萬暦帝と崇禎帝を祀っていたが、宮中でもこの例に倣い、当時の正宮である昌徳宮の秘苑の奥深くに大報壇《だいほうだん》を建てて再造の恩のある明の萬暦帝を祀ることになった。

大報壇の設置は明朝が滅亡した甲申年（一六四四）から数えて六十年後、干支が一回りして再び甲申年を迎えた粛宗三十年（一七〇四）のことで、実際の祭祀はその翌年、粛宗三十一年（一七〇五）の三月から開始された。

大報壇とは明朝の大恩に報いるための祭壇であるが、それは廟とは違って建物のないただの土壇であり、祭祀のときだけそこにテーブル（床）を設けて位牌を祀る。毎年三月に祭祀を行うのは、それが明の崇禎帝の自殺した月、すなわち明朝の滅亡の月であるためにほかならない。祭祀の対象は、当初は萬暦帝のみであったが、その後、英祖二十五年（一七四九）からは洪武帝と崇禎帝を加えて三帝を祀ることになった。

そもそも皇帝を祀ることができるのは皇帝だけで、諸侯である朝鮮国王が皇帝を祀るというのは礼として僭越に当たるのではないか、との批判は当初から存在した。しかし、その批判を押して祭祀を実行したのは、要するに心の中ではすでに皇帝を気取っていたからであろう。実際、朝鮮後期においては国王に対する上言は「啓」ではなく「奏」と呼ばれるようになっていたが、これは朝鮮国王が国内において皇帝を気取っていたことの一端にすぎない。

明朝の滅亡以後、中国本土においてはすでに中華の伝統は滅びてしまい、そこは夷狄の満洲族が支配する腥膻《せいせん》の地（生臭い土地）と化してしまった。今や、中華の伝統を保持している乾浄《かんじょう》の地（清らかな土地）は、ただ東方君子の邦、朝鮮国を残すのみである。だからこそ、朝鮮国王は明の皇帝を祭り、明の正統を受け継いで中華の伝統を守り抜かなければならない。その象徴となるものがこの大報壇の祭祀であったが、それにしても、こそこそと宮中の奥深くで祭祀を行い、祭祀の証拠が残らないように「廟」の建設を避けて「壇」を築くにとどめていたのは、結局は清朝からの問責をおそれてのことにほかならない。

この時期の朝鮮の知識人たち、とりわけ老論系統の知識人たちは尊周の大義を掲げ、今や朝鮮こそが中華であるという、いわゆる朝鮮中華思想に基づく自尊意識を思い切り膨らませていた。なかには英祖

朝の官僚・金若行のように、

いまや中原には帝統がない。わが国こそが帝号を称し、天子の礼楽を用いるべきである。(『修書雑志』、正言金若行事〔戊子五月九日〕)

と主張するものすらあったが、その反面、彼らは現実世界においては圧倒的な軍事力・経済力を誇る清朝に対する属国の礼、事大の礼に膝を屈して完全に自我の分裂に陥っていた。

朝鮮国王がすでに滅亡した明朝の皇帝に対して再造の恩(亡国の窮地を救ってもらった恩義)を抱き続けていたとしても、それは今日の世界を生きる私たちにとってはどうでもよいような事柄であるかもしれない。しかし、再造の恩とは壬辰倭乱によって一旦滅亡しかけた朝鮮国を再生させたことに対する恩義であり、それは裏返せば日本に対する怨念である。

そうしてそれが、今日の韓国のナショナリズムにおいても一つの伝統として生き続けているとすれば、この大報壇の祭祀も、われわれ日本人にとって全く無関係の事柄とばかりは言い切れないのではないだろうか。

附　朝鮮後期の国際環境

壬辰・丁酉の倭乱は、日本においては豊臣政権の没落、および徳川政権成立の重要な契機となったが、それ以外にも東アジア全体において重要な変化を引き起こしている。具体的にいうと、まず明朝による朝鮮への援軍派遣で遼東方面の軍備が手薄になった隙に、新たに勃興した満洲族の後金国、改め清朝が遼東を制覇し、後顧の憂いを絶つために朝鮮半島をも制圧する。さらに山海関を越えて中国本土への進出を果たした清朝は、やがてはモンゴル、チベット、新疆をも版図に組み入れ、今日の中国の領土の基礎を築く。

一方、復讐雪恥を誓う朝鮮では、清朝に対する戦争（北伐）に備え、国内の各地に山城を築いて全土の要塞化に努めていた。堅壁清野、つまり山城に立て籠って侵略軍を食い止めつつ、ゲリラ戦で侵略軍の補給路を絶ち、攻略をあきらめた侵略軍が撤退するところを一気に追撃する、というのが朝鮮の伝統的な戦術であったが、せっかくのこの努力も、近代戦においてはほとんど役に立たなかったことは皮肉である。

朝鮮後期、北方においては清朝の入関によって北虜の脅威が去り、南方においては日本の鎖国によって南倭の脅威が薄れていた。朝鮮史のなかでも例外的に平和が保たれていた時代である。この時期の朝鮮が国内において党争に明け暮れていたことも、ある意味ではこの国際環境の「賜物」ということができよう。

第六章　再び、王位継承の現実

老論・少論の熾烈な党争の末に、ようやくにして即位を果たした英祖は、その弊害を根絶するために新たに「蕩平策」を掲げ、四色党派を均等に登用することによって党争を抑えた。しかし、それによって自らの信じる「義理」の伸張――彼らなりの「正義」の実現――を封じられた儒教知識人たちは、老少南北それぞれに不満を抱え、その不満のはけ口を求めていた。

現政権に対する不満は、通例、次の国王となる王世子への期待となり、その周囲にしばしば不満勢力を結集させることになりがちである。また、王世子が即位すれば、当然、王の外戚の勢力も大幅に入れ替わることになるので、現国王の外戚と王世子の外戚――新旧二つの外戚勢力――が暗々裏に対立することも珍しくない。

この種の権力争いは、およそ王朝国家には大なり小なり必ず存在するものであるが、朝鮮王朝の場合は、それが儒教知識人たちによる党派の争いとも連動して、いっそう激しく、かつ長期に展開したところに特色があった。

第一節　某年義理――朝鮮王室の悲劇

英祖の即位と「蕩平策」

英祖は第二十代・景宗（在位一七二〇～一七二四）の異母弟で、後嗣に恵まれなかった景宗の王世弟《おうせいてい》に冊立され、兄の死を受けて第二十一代の国王として即位した（在位一七二四〜一七七六）。病気がちな景宗の後嗣問題は、この前後の政局の最大の争点の一つであり、景宗を支持してその健康の回復を期待する少論勢力と、次期国王である王世弟（英祖）を支持する老論勢力とは激しく対立する。この間に、王世弟を支持する老論勢力への大弾圧――いわゆる辛壬《しんじん》士禍。景宗元年辛丑（一七二一）、景宗二年壬寅（一七二二）――と、その報復としての少論勢力に対する粛清（英祖元年、一七二五）などの、一連の血なまぐさい政争が繰り広げられる。しかし国王の位に即いた英祖は、自分の支持基盤であった老論勢力をかえって抑制し、いわゆる蕩平策《とうへいさく》を用いて党争の根絶を図った。

　蕩平策とは老少南北の四色党派を均等に登用し、それによって党派の解消を図ろうとした政策で、これは英祖以降の朝廷の基本方針となった。しかし当時の最大派閥であった老論からみると、これが結局のところ自分たちに対する牽制策として受け止められていたであろうことは想像に難くない。

写真6－1　興化門（ソウル・慶熙宮）2015年9月撮影

慶熙宮は光海君8年（1616）の創建。当初は慶徳宮といったが、英祖36年（1760）に慶熙宮と改称した。興化門はその正門である。

老論の立場からすると、英祖は老論の主張する「義理」――物事の正しい筋道――を抑えて少論を不当に擁護している。逆に、少論の立場からすると、そもそも英祖の即位は正統性そのものに疑問がある。こうした両者の不満は、英祖とその孫の正祖《せいそ》が進めた蕩平策によっても根本的には解消することができなかった。

孝章世子と思悼世子

英祖には即位以前に設けた男子があり、その生母は側室の靖嬪《せいひん》李氏であった。この男子は父の即位にともなって英祖即位年（一七二四）に敬義君《けいぎくん》に封じられ、翌英祖元年（一七二五）に早々と王世子に冊立されたが、それも空しく、英祖四年（一七二八）に数え十歳でこの世を去り、翌年、孝章世子《こうしょうせいし》と諡《おくりな》された。実際には王として即位することもなく亡くなったこの少年は、しかしながら正祖二年（一七七八）に真《しん》宗《そう》という廟号を贈られて宗廟に陞祔され、朝鮮王朝の統序と倫序の歴史において極めて重要な地位を占めることになるのである。

孝章世子を亡くした英祖は、英祖十一年（一七三五）に至ってもう一人の男子を得る。これが思悼世《しとうせい》子《し》（後の荘献世子、荘祖）で、生母はもう一人の側室の暎嬪《えいひん》李氏。したがって、亡くなった孝章世子の異母弟に当たる。彼はさっそく元子に指定され、翌英祖十二年（一七三六）には王世子に冊立された。そうして英祖二十五年（一七四九）からは王世子として代理聴政を開始したが、英祖三十八年（一七六二）に至って失徳の故に王世子の位を剥奪され、父からの「賜死」の命令を拒んだために、結局、米櫃に閉じ込められて餓死するに至った。これが壬午禍変《じんごかへん》とよばれる朝鮮王朝史上の最大の悲劇である。

この間、英祖三十五年（一七五九）には貞純王后《ていじゅんおうごう》金氏が新たに英祖の継妃として冊立されているが、これは英祖三十三年（一七五七）に数え七十一歳で亡くなった仁元王后《じんげんおうごう》金氏（粛宗継妃）の実家の勢力（慶州金氏）が、その権勢を維持するために結んだ政略婚姻といってよいであろう。

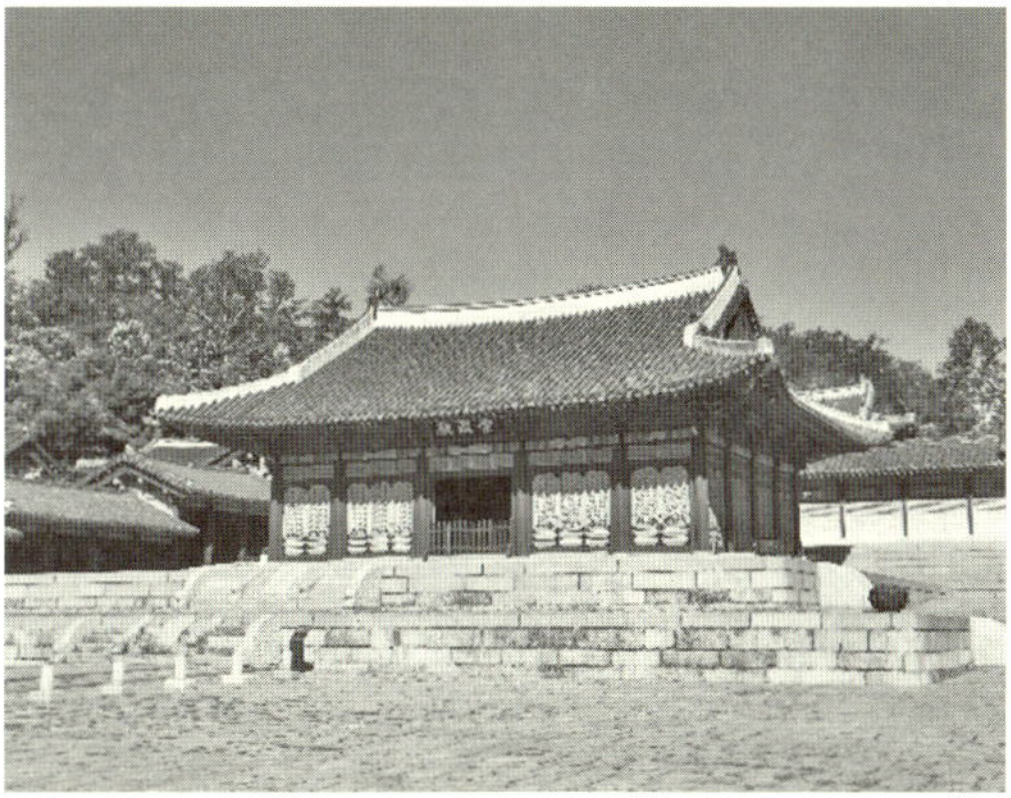

写真6－2　崇政殿（ソウル・慶熙宮）2015年9月撮影

慶熙宮の正殿。植民地期に撤去されていたが、近年復元された。

写真6－3　崇政殿の玉座（ソウル・慶熙宮）2015年9月撮影

この貞純王后金氏（英祖継妃）の実家の勢力（慶州金氏）と、生さぬ仲の思悼世子との間には陰に陽に葛藤があり、これが思悼世子を死に追い込む一因となったことは間違いない。また代理聴政を開始した思悼世子の周辺には、勢力の挽回をたくらむ少論や南人などの不満勢力が結集しつつあったので、これが蕩平策を推進する英祖の逆鱗に触れたことも確かであろう。事実、思悼世子の死の翌月には豊壌《ほうじょう》趙氏の趙載浩《ちょうさいこう》（一七〇二～一七六二）――彼は英祖の右腕となって蕩平策を推進した趙文命《ちょうぶんめい》（少論）の子で、亡くなった孝章世子の妻（孝純王后趙氏）の兄に当たる――が、東宮の保護を名目に老論の追い落としを図ったとして死を賜わっている。これは後に冤罪であったとされることになるが、いずれにしても、このころ党争の芽が再び吹き出していたことは間違いない。

かくして英祖が実の息子を自ら死に追い込んだことは、その後の王朝の歴史に長く陰惨な影を落とさずにはおかなかった。思悼世子に対する英祖の処分は、果たして正しかったのか、間違っていたのか。遠回しに某年義理《ぼうねんぎり》と呼ばれるこの問題をめぐって王朝の歴史に新たな党争の火種が生じることになるのである。

王世孫の処遇

思悼世子が餓死したのは英祖三十八年（一七六二）のことで、このとき彼は数え二十八歳、その息子である後の正祖はわずかに数え十一歳である。正祖は英祖三十五年（一七五九）にすでに王世孫《おうせいそん》として冊立されていたので、英祖としてはこの王世孫のほうに期待をつなぎ、王世子は見殺しにしたという格好である。

しかし王世孫は英祖の賜死の命令に逆らった罪人の息子である。その彼が王位を継承することに対し、英祖の継妃である貞純王后金氏とその実家の勢力（慶州金氏）は、当然、快い感情を抱いていない。逆に、正祖の生母・洪氏の実家の勢力（豊山洪氏）は、思悼世子および王世孫（正祖）に敵対する貞純王后金氏とその実家の勢力（慶州金氏）に対して警戒心を解くことができない。

このため王世孫（正祖）の即位をめぐって、英祖末年には慶州金氏の勢力（いわゆる南漢《なんかん》）と豊山洪氏の勢力（いわゆる北漢《ほくかん》）とが、陰に陽に激しく対立した。この場合、対立の焦点の一つが王世孫にとって即位の障碍《しょうがい》となる本生父（思悼世子）の名誉回復の問題であったことはいうまでもない。

あらかじめこの種の対立を予測していた英祖は、正祖を自らの最初の王世子、すなわち孝章世子の息子とし、「英祖―孝章世子―正祖」という架空の倫序を作り上げることで、正祖の即位の障碍を取り除こうとした。そうして正祖の即位後に予想される思悼世子への名誉回復の動きについては、一切これを禁じることを厳命して、この世を去って行ったのである。

正祖の即位と英祖・真宗の祔廟

英祖は英祖五十二年（一七七六）に数え八十三歳で亡くなり、三年の喪の明けた正祖二年（一七七八）に宗廟に陞祔された。これに代わって王世孫、すなわち正祖が第二十二代の国王として即位する（在位一七七六〜一八〇〇）。即位した正祖はさっそく義理の父親である孝章世子を追尊して真宗という廟号を

第十四室	真宗	禰
第十三室	英宗（英祖）	祖
第十二室	景宗	伯祖
第十一室	粛宗	曾祖
第十室	顕宗	高祖
第九室	孝宗	世室
第八室	仁祖	世室
第七室	宣祖	世室
第六室	中宗	世室
第五室	成宗	世室
第四室	世祖	世室
第三室	世宗	世室
第二室	太宗	世室
第一室	太祖	始祖

図6－1　正祖２年の宗廟

贈り、英祖と真宗の二人を同時に宗廟に陞祔している。すべては英祖の遺命にしたがっての措置であった。

　このとき、英祖の高祖父に当たる仁祖、および真宗の高祖父に当たる孝宗は、それぞれ親が尽きて永寧殿に祧遷される順番に当たっていたが、仁祖・孝宗はいずれも粛宗九年（一六八三）に世室に指定されているので、当然、祧遷の対象からは除外された。この結果、宗廟の祭室は一気に二室増えて、合計十四室となった。

　ちなみに、英祖の当初の廟号は英宗《えいそう》という。これが英祖に改められたのは、彼の死から数えて一一四年後の、高宗二十七年（一八九〇）のことであった。

思悼世子の追尊の問題

　正祖は英祖の遺命により真宗の跡継ぎとして即位したが、当然、生父・思悼世子に対する追慕の思いは抑えようとしても抑えることができなかった。このため正祖が即位すると、彼は本生父である思悼世子に新たに荘献《しょうけん》の諡を追贈し（荘献世子)、その陵墓を「垂恩墓」から「永祐園」に、霊廟を「景慕宮」に昇格させる。次に、正祖は「永祐園」を「顕隆園」と改称してこれをソウルの南方の水原に遷し、墓参の便宜のために水原の町を大改造して、いわゆる華城《かじょう》を建築する。これが今日の「世界遺産・華城」にほかならない。こうした一連の動きは、正祖が生父・思悼世子の名誉回復を熱望していることをはっきりと示すものであった。

写真6-4　八達門（水原・華城）2010年2月撮影

華城の南門

写真6-5　華紅門（水原・華城）2010年2月撮影

華城を貫流する光教川に架る水門

しかし思悼世子の名誉回復は、祖父である英祖の遺訓に対する明らかな違反であり、ことさらに英祖の悪を暴き立てる行為であると見なされても仕方がない。正祖としては完全に板挟みの状態であり、少なくとも建前のうえでは、自らの私情を押し殺して英祖の定めた「義理」に従い続けるしかなかった。

これは、ある意味では即位当初の英祖の立場にも似ている。英祖は老論の支持を受けて即位しながら老論・少論のいずれにも与せず、蕩平策を掲げて党派の利害を超越したところに絶対王権の基盤を確立しようとした。それと同じように、正祖は洪氏の外孫として即位しながら洪氏と金氏のいずれにも与せず、外戚勢力を両方ともに退けることによって、外戚の利害を超越したところに自己の権力基盤を再確立しようとしたのである。

これをもう少し具体的に言うと、正祖は慶州金氏の勢力を代表する金亀柱《きんきちゅう》を黒山島に追放するとともに、豊山洪氏の勢力を代表する外叔祖父の洪麟漢《こうりんかん》に対しても賜死の処分を下して、どちらにも肩入れしない姿勢を示した。しかし、外祖父の洪鳳漢《こうほうかん》に対する処分は最後まで保留していたから、結局のところは慶州金氏の勢力に対する処罰のほうに重きが置かれていたことは明らかであろう。

時派と僻派

外戚を両斥《りょうせき》したとはいえ、生父の讎《あだ》である慶州金氏の一族を敵視する正祖の意中は誰の目にも明らかであった。正祖は生前、臣下から君主としての徳を讃える尊号を受けることを一切拒絶していたが、それは本生父である思悼世子の名誉回復を果たさない限り、自らが名誉を受けることはありえないとい

第十五室	正宗（正祖）	禰
第十四室	真宗	祖
第十三室	英宗（英祖）	曾祖
第十二室	景宗	伯曾祖
第十一室	粛宗	高祖
第十室	顕宗	世室
第九室	孝宗	世室
第八室	仁祖	世室
第七室	宣祖	世室
第六室	中宗	世室
第五室	成宗	世室
第四室	世祖	世室
第三室	世宗	世室
第二室	太宗	世室
第一室	太祖	始祖

図６－２　純祖２年の宗廟

う、正祖の断乎たる決意の表明である。

このため、朝廷内においては正祖の意中を斟酌して二つの立場が対立するようになった。一つは正祖の立場に同情して思悼世子の名誉回復を図ろうとする一派、今一つは英祖の定めた「義理」に固執して思悼世子の名誉回復にあくまでも反対する一派で、前者は時派《じは》と呼ばれ、後者は僻派《へきは》と呼ばれている。

時派とは時の政権寄りの時流派、僻派とは僻《ひが》み根性で時の政権に背を向けている偏屈派というほどの意味であるから、その名の示すとおり、大勢が時派のほうに有利であったことはもちろんである。ましてや、正祖以後の歴代の諸王はいずれも思悼世子の血筋であるから、世代が下れば下るほど時派の立場が有利になっていったことはいうまでもあるまい。

正祖朝に生じた大小さまざまな政治的波乱は、いずれもこの時派と僻派の争いに端を発したもので、大勢としては、次第に時派の勢力が拡大していった過程ということができる。にもかかわらず、英祖の定めた「義理」を覆して思悼世子の名誉回復を断行することは、英明な正祖の政治力をもってしても遂に実現することができなかった。英祖の定めた「義理」とそれを支えた僻派の勢力には、それだけ侮りがたいものがあったということであろう。

正祖の祔廟

第二十二代国王の正祖は、正祖二十四年（一八〇〇）に数え四十九歳で亡くなり、三年の喪の明けた純祖二年（一八〇二）に宗廟に陞祔された。このとき正祖の高祖父である顕宗は永寧殿に祧遷される順番に当たっていたが、彼は英祖四十八年（一七七二）にすでに世室に指定されていたので、当然、祧遷の対象からは除外された。この結果、宗廟の祭室はさらに一室増えて、合計十五室となった。

ちなみに、正祖の当初の廟号は正宗《せいそう》という。それが「祖」に格上げされたのは祔廟から数えて九十七年後の、高宗・光武三年（一八九九）のことであった。

第二節　正祖の後裔たち――王室の衰退

純祖・翼宗の祔廟

第二十三代の国王・純祖《じゅんそ》（在位一八〇〇～一八三四）は、正祖十四年（一七九〇）に正祖の二嗣として生まれ、正祖二十四年（一八〇〇）に数え十一歳で即位し、純祖三十四年（一八三四）に数え四十五歳で亡くなり、三年の喪が明けた憲宗三年（一八三七）に宗廟に陞祔された。当初の廟号は純宗《じゅんそう》であったが、その後、哲宗八年（一八五七）に至って純祖と追尊された。

純祖朝の初めは系譜上の曾祖母にあたる大王大妃の貞純王后金氏（英祖継妃）が垂簾聴政を行い、彼女の実家の慶州金氏に代表される僻派が勢力を振るった。僻派はキリスト教の禁圧を名目として時派の勢力を弾圧したが、後ろ盾となる貞純王后が亡くなると忽《たちま》ちその勢力を失墜して、以後は安東金氏に代表される時派が政局を握る。安東金氏はいわゆる世道《せいどう》となって政権を独占したが、世道とは王の信任をえて全権を行使する外戚等の有力者のこと。ただし、これは批判的なニュアンスを込めて勢道《せいどう》とよばれることのほうが多い。

一方、翼宗《よくそう》は純祖の嫡長子として純祖九年（一八〇九）に生まれ、病気がちの純祖に代わって純祖二十七年（一八二七）から代理聴政を行ったが、純祖三十年（一八三〇）、数え二十二歳で父に先立って亡くなってしまった。このため、翼宗の嫡長子の憲宗《けんそう》が王世孫に冊立され、祖父・純祖の跡を受けて第二十四代の国王（在位一八三四～一八四九）として即位することになった。

即位した憲宗は、さっそく亡父に上述の翼宗という廟号を追贈し、純祖の三年の喪が明けた憲宗三年（一八三七）に至って純祖と翼宗を同時に宗廟に陞祔している。もちろん、翼宗は実際には即位していないが、代理聴政を行った以上は事実上の国王と変わりがない、というのがその理由である。このころになると、官僚たちの間で本生父の追尊に対する反対意見が出ることはほとんどなくなっていた。それだけ、外戚勢力と王権との一体化が進んでいたということであろう。

なお、純祖・翼宗の祔廟と入れ替わりに景宗・英祖の兄弟が永寧殿に祧遷される順番であったが、英祖は正祖六年（一七八二）の段階ですでに世室に指定されていたので、結局、景宗のみが永寧殿に祧遷された。この結果、宗廟の祭室は二増一減で合計十六室となり、また永寧殿は景宗の祧遷によって一室増加することになった。

宗廟と永寧殿の増修

とはいえ、朝鮮後期の宗廟は光海君即位年（一六〇八）に十一間の規模で再建され、英祖二年（一七二六）に四間を増築して十五間となって以降、特に増築を行っていない。このため純祖・翼宗の二人を祔廟するにあたっては一室分の不足が発生する。一方、永寧殿もまた旧来の十二間がすでに満室であるので、このままでは景宗を祧遷する余裕がない。

そこで、憲宗二年（一八三六）にあらかじめ宗廟を増修し、さらに四間を増築して純祖と翼宗の祔廟に備えることにした。また永寧殿についても同年に、四間（東西夾室各二間）を増築して景宗の祧遷に備えているが、これは景宗の異母弟である英祖が、あらかじめ考案しておいたプランに従って増築されたものであった（『増補文献備考』宗廟、廟制）。

このように宗廟・永寧殿を増築したうえで、憲宗三年（一八三七）、純祖は宗廟の第十六室、翼宗は宗廟の第十七室に、それぞれ同時に陞祔されたが、そのあとすぐに第十二室の景宗を永寧殿に祧遷し、英祖以下の位牌を一室ずつ西隣りに遷したので、結局、純祖は第十五室、翼宗は第十六室に落ち着くこと

第一室	太祖	始祖
第二室	太宗	世室
第三室	世宗	世室
第四室	世祖	世室
第五室	成宗	世室
第六室	中宗	世室
第七室	宣祖	世室
第八室	仁祖	世室
第九室	孝宗	世室
第十室	顕宗	世室
第十一室	粛宗	世室
第十二室	英宗（英祖）	世室
第十三室	真宗	高祖
第十四室	正宗（正祖）	曾祖
第十五室	純宗（純祖）	祖
第十六室	翼宗（文祖）	禰

図6－3　憲宗3年の宗廟

西夾	第五室	定宗
	第六室	文宗
	第七室	端宗
	第八室	徳宗
	第九室	睿宗
	第十室	仁宗
正殿	第一室	穆祖
	第二室	翼祖
	第三室	度祖
	第四室	桓祖
東夾	第十一室	明宗
	第十二室	元宗
	第十三室	景宗

図6－4　憲宗3年の永寧殿

になった。

旧来、あらかじめ祧遷してから祔廟する慣例であったが、英祖三十三年（一七五七）より以降は明の制度に倣って「合享《ごうきょう》してすなわち祧《ちょう》す（合享乃祧）」、すなわち一旦祔廟してご先祖と挨拶を済ませてから祧遷する制度になっていたので、このように余計なひと手間がかかっているのである。

この結果、宗廟の祭室十九間については十六室までがすでに埋まり、予備として三室が残されていた。また永寧殿については増築四間を加えた十六間のうち、景宗の祧遷を迎えてすでに十三室までが埋まっていた。

時僻の争い

純祖朝・憲宗朝には前代に引き続いて時派と僻派の争いが絶えなかった。純祖三年（一八〇三）に貞純王后金氏が垂簾聴政をやめて政務から退き、翌々年（一八〇五）に数え六十一歳で薨去すると、後ろ盾を失った僻派の勢力が忽ち失墜したことは前述のとおりであるが、その後も僻派の残党は復権のチャンスをうかがい、王世子（翼宗）が代理聴政を開始すると、その周辺に取り入って勢力を挽回しようとした。これは英祖朝において思悼世子の周囲に少論や南人などの不満勢力がすり寄ってきたことと、ちょうど同じような構図といえよう。しかし、僻派の復権の試みは王世子の早すぎる死によって失敗に終わり、報復としてさらに僻派への弾圧が繰り返されることになった。

憲宗・哲宗の即位

憲宗の即位当初は彼の祖母に当たる大王大妃の純元《じゅんげん》王后金氏（純祖妃）が垂簾聴政を行い、その実家の安東金氏一族による勢道政治が続いた。純祖・翼宗の王統を受け継ぐ憲宗にとって、即位の正統性には何の問題もなかったが、かといって彼の治世十五年の間に特にすぐれた業績があったというわけでもない。

この間、中国ではアヘン戦争の敗北を経て一八四二年に南京条約が結ばれ、これによって長江以南の五港が開港されている。このため西洋の貿易商人たちは、さらなる交易の拡大をもとめて朝鮮半島にまで航路を伸ばし、朝鮮にたびたび開国の要求を行うようになった。具体的には、憲宗十一年（一八四五）にイギリス船が来航し、翌十二年（一八四六）にはフランス船が来航しているが、朝鮮政府はこの開国要求をいずれも黙殺した。今日から見れば、近代化のチャンスをみすみす見逃したようなものであるが、当時としては、この種の鎖国政策こそが憲宗の治績とみなされていたのである。

次に、憲宗が若くしてなくなると、純元王后金氏は傍系から哲宗《てっそう》を迎え、これを純祖の養子として即位させるとともに、自らは垂簾聴政を行って引き続き実権を掌握した。

第二十五代国王の哲宗（在位一八四九～一八六三）は全渓《ぜんけい》大院君の第三子、全渓大院君は恩彦君《おんげんくん》の第三子、恩彦君は思悼世子の第三子で、正祖にとっては異母弟にあたる。恩彦君の家系は天主教（カトリック）との関係からたびたび政治的な弾圧を受けてきたが、それは要するに、王位継承のライバルとして本家筋から常に警戒されてきたということにほかなるまい。しかし、その本家の血筋が絶えてしまった以上、適当な候補としてはもはや恩彦君の血を引く哲宗以外に選択の余地はなかった。

しかし、哲宗は恩彦君の孫であるから、先代の憲宗より一つ上の世代に属する。世代間の秩序をとかく問題とする朝鮮王朝において、これを純祖の養子、つまり純元王后金氏の子として即位させることは、昭穆の論理からみて王位継承の順序が一世代繰り上がる形の、かなり強引な措置といわざるを得ない。

そうした無理を承知で敢えて哲宗を純祖の跡継ぎとしたのは、結局のところ、純元王后（および安東金氏）の権力を維持するための名分作りにすぎない。ところが、この無理やりの措置によって、果たして宗廟の祭祀にはいくつかの重大な矛盾が生じることになった。

属称の問題

まず問題となったのは、憲宗と哲宗との関係である。形式上、純祖の一人目の跡継ぎ（一嗣）である翼宗と二人目の跡継ぎ（二嗣）である哲宗は兄弟であるから、翼宗の子の憲宗は哲宗の「おい（姪）」ということになる。しかし、王位継承の順序としては、哲宗は憲宗の跡を受けて即位したわけであるから、憲宗は哲宗にとって先代の王、すなわち「父（禰）」ということになる。「人の後と為る者は、これが子と為るなり（『春秋公羊伝』成公十五年条）」。この理屈でいえば、憲宗と哲宗との間には「父子の道」が成立するから、哲宗は憲宗を「父（禰）」として位置づけなければならない。

しかし、憲宗を「父（禰）」とすると、純元王后および安東金氏の権力の基盤が揺らいでしまう。そこで憲宗はあくまでも哲宗の「おい（姪）」という位置づけになったが、これは統序ではなく、倫序に従った位置づけといえよう。

ただし、祝文（祭祀の祝詞《のりと》）において「おい（姪）」と呼びかけると、先代の王を自分より目下に扱うことになって不都合であるので、結局、祝文においては属称（親族呼称）を書かないことにして問題を誤魔化してしまった（『哲宗実録』二年七月戊子条）。

辛亥礼論

しかしこの問題は、真宗の祧遷をめぐってさらに重大な論争を生むことになった（辛亥礼論）。哲宗二年（一八五一）は干支でいえば辛亥《しんがい》に当たる。この年、憲宗の三年の喪が明けて憲宗を宗廟に陞祔することになり、それと入れ替わりに正祖の義理の父親に当たる真宗（孝章世子）が永寧殿に祧遷されることになったが、その理由というのは、当時の主流派である時派の主張によれば次のとおりである。

一体、帝王家においては王位継承の順序、すなわち統序が重視される。したがって、哲宗は先代の王である憲宗を禰として宗廟に祀らなければならない。また高曾祖禰の四親についても統序に従って昭穆を数えるので、哲宗にとっては「正祖・純祖・翼宗・憲宗」の四人が祭祀の対象となる。もっとも翼宗は追尊の王であって、実際には即位していないのであるが、彼は王世子として代理聴政を行った事実上の国王であるから、これも当然に統序に含めて考えなければならない。そうなると、この四親の範疇から外れた真宗は、当然、永寧殿に祧遷しなければならないのである。

これに対し、僻派の流れを汲む官僚たちはここぞとばかりに反対の声をあげた。反対論者の代表格で、このとき首相（領議政）であった権敦仁《けんとんじん》（一七八三〜一八五九）の主張によると、現国王（哲宗）は系譜上、純祖の嗣（跡継ぎ）として即位したのであり、したがって真宗は現国王（哲宗）の曾祖父に当たる。そもそも宗廟には現国王の四親である高曾祖禰、および太祖を祀る決まりであるから、まだ親の尽きていない真宗を宗廟の祭祀から外すことはできない。廟数の定めにかかわらず、親序（倫序）において曾祖父にあたる真宗は宗廟に祀り続けるべきであるという。そもそも哲宗を純祖の跡継ぎとするという倫序を設定したのは時派のほうであるが、僻派はこの時派の論理を逆手にとって、真宗の祧遷にあくまでも反対する論理を展開したというわけである。

以上の論争は、要するに統序と倫序の矛盾という、これまでにも繰返し取り上げてきた例の問題の蒸し返しにすぎない。しかし、統序と倫序のいずれを重視するかによって、「某年義理」の問題と密接に関連する真宗の位牌が宗廟の祭祀から外されるかどうかが決まるだけに、当時の知識人たちはこの問題について極めて鋭敏にならざるを得なかったのである。

すでに紹介したとおり、正祖の生父・思悼世子は英祖の怒りを買って自殺を命じられたために、正祖は夭折した伯父・孝章世子の跡継ぎとして即位しなければならなかった。そうして正祖の即位に際し、孝章世子は真宗として追尊され、宗廟に陞祔されることになったが、これは逆にいうと、正祖の生父・思悼世子を宗廟の祭祀から排除すること、すなわち正祖の父としては認めないということの宣言にほかならない。真宗が宗廟に祀られている限り、英祖が定めたこの原則（義理）は決して変更することが許されなかったが、これこそは、いわゆる僻派が頑として守り通そうとした主義・主張にほかならない。

その真宗が祧遷されるということは、僻派の立場からいえば、これまで守りとおしてきた「義理」の拠り所が、少なくとも宗廟の祭祀の現場において、目に見える形としては失われてしまうことを意味している。いずれ世代が離れていけば真宗が宗廟の祭祀から外されることは当然であったが、それを少しでも先に引き延ばしたいというのが僻派の官僚たちの偽らざる感情であったのであろう。

第十六室	憲宗	姪
第十五室	翼宗（文祖）	兄
第十四室	純宗（純祖）	禰
第十三室	正宗（正祖）	祖
第十二室	英宗（英祖）	世室
第十一室	粛宗	世室
第十室	顕宗	世室
第九室	孝宗	世室
第八室	仁祖	世室
第七室	宣祖	世室
第六室	中宗	世室
第五室	成宗	世室
第四室	世祖	世室
第三室	世宗	世室
第二室	太宗	世室
第一室	太祖	始祖

図6－5　哲宗2年の宗廟

僻派の失脚

もともと宗廟の祭祀においては倫序のほうを重視してきた。したがって、僻派の主張はある意味では極めて正統的な主張である。一方、帝王家においては統序を重視するという時派の主張は、そもそもは南宋の朱子の学説に基づくもので、これと同様の主張は、つとに世宗朝においても卞季良が展開していた（本書第四章第一節、参照）。しかし、彼の主張は当時はっきりと却下されていたのである。それを今更のように引き合いに出すのは、要するに哲宗を純祖の養子として即位させたことの矛盾を糊塗するための、辻褄合わせの論理といわれても仕方のないところであろう。

僻派の主張は時派の弱点を突くものであった。だからこそ、僻派は時派の政治的な反撃を受け、権敦仁や金正喜《きんせいき》（一七八六～一八五六）は、「邪論」を展開した罪によってソウルから追放されてしまった（ちなみに、金正喜の曾祖母は英祖の女《むすめ》・和順翁主で、彼女は真宗の同母妹に当たる）。

かくして礼論に勝利を収めた時派の官僚たちは、その主張どおり、真宗の位牌を永寧殿に祧遷し、憲宗の位牌を宗廟の第十六室に陞祔した（厳密には、一旦第十七室に陞祔したのち、真宗の祧遷を俟って第十六室に遷した）。

宗廟の祭祀をめぐる議論は、単なる「見解の相違」では済まない。それは王位の正統性の問題に直結する。このため、宗廟の祭祀は儒教知識人たちの権力闘争にしばしば格好の火種を投じることにもなったのであった。

第三節　廟制の乱脈——形式だけが完備される

純元王后金氏が哲宗を純祖の跡継ぎとして即位させたことは、宗廟の祭祀にさまざまな矛盾を持ち込むことになったが、そのほかにもいろいろな面において当時の宗廟は乱脈を極めていた。

宗廟の祭祀は王位の正統性の拠り所として極めて重要視されていたが、その根幹ともいうべき昭穆の数え方一つをとっても、実は儒教知識人たちの間にさまざまな見解の相違があり、あるものは統序を重視し、あるものは倫序を重視して、それぞれに論争が絶えない。

要するに、誰にも正解はわからないので、結局はその時々の政治的な都合で旧来の制度が容易に捻《ね》じ曲げられてしまう。

世室の濫造

たとえば、世室に指定されるものは、本来、功徳のある王に限られていたが、そもそも何を「功」とし、何を「徳」とするのかについては明確な基準が存在していない。このため後世においてはその時々の都合で世室が濫造され、結果として本来「五廟（五室）」だったはずの宗廟はどんどん横へ横へと増築されていくことになった。

また世室の指定については、本来、後世の子孫が祧遷の段階において判断すべきものとされていたが、後には直近の子や孫がこれを事前に指定しておくことがむしろ慣例となってしまう。最初に事前指定を行ったのは、祖父である孝宗を世室に指定した粛宗で、このときそれを国王に強く勧めたのは、かの宋時烈にほかならない。そうしてこれが前例となって、その後は済し崩しに世室への事前指定が行われるようになっていった。

具体的には、まず粛宗が父の孝宗と祖父の仁祖を世室に指定し、次に英祖が父の粛宗と祖父の顕宗を世室に指定した。ついで、正祖が祖父の英祖を世室に指定し、純祖が父の正祖を世室に指定し、憲宗が祖父の純祖を世室に指定し、哲宗が義理の「おい（姪）」に当たる憲宗を世室に指定し、高宗が義理の父親に当たる翼宗（後の文祖）を世室に指定している。

要するに、朝鮮後期の歴代の王は、そのほとんどすべてが子または孫によって事前に世室に指定されているのである。これはどう見ても身内贔屓《びいき》というべきものであって、そこには後世の評価に委ねるというような謙虚な姿勢は全く見出すことができない。

祖の濫発

世室の濫造とともに、朝鮮後期にはやたらと「祖」の廟号が濫発された。この問題については本書（第五章第三節）でもすでに論じたところの繰返しとなるが、そもそも廟号に「祖」と付くものは、王朝の始祖に限る。たとえば、『漢書』景帝紀の文言――「功あるを祖とし、徳あるを宗とす（祖有功而宗有徳）」――に対する唐朝の学者・顔師古《がんしこ》の注に、「祖とは始めなり。始めて命を受くるなり（祖、始也。始受命也）」とあるのがその証拠で、漢代でいえば高祖・劉邦《りゅうほう》が漢の始祖（祖）に当たる。

ところが、後世になるとこれを拡大解釈し、特に功績のあるものについては王朝の始祖でなくても「祖」の廟号を与えてよいということになった。たとえば宋代の劉攽《りゅうひん》という学者は、王室の始祖である「太祖」以外でも「功」あるものは「祖」と称するといい、商（殷）の王の祖甲《そこう》をその例に挙げている。朝鮮王朝でいえば、たとえば世祖、宣祖、仁祖などがこれに該当する。

世祖は甥の魯山君（後の端宗）を廃して王位を「簒奪」した人物であるが、『経国大典』に集成される国制の基礎を定めたその功績からいえば、まさしく第二の建国者として「祖」の廟号を名乗るに相応しい人物といえる。宣祖の廟号は当初は宣宗といったが、光海君八年（一六一六）にこれを宣祖に格上げしたのは、彼が壬辰・丁酉の倭乱（文禄・慶長の役）という国難を乗り越えた、いわば中興の祖であったためにほかならない。仁祖は光海君を廃して一六二三年に癸亥反正を成し遂げ、また丁卯・丙子の胡乱（清朝との戦争）を何とか乗り切った人物であるから、少なくとも西人の立場からいえば、これも中興の祖と称して差支えはないであろう。

このほか、燕山君を廃して即位した中宗についても、その反正の功徳を讃えて廟号を「祖」に改めるべきであるという議論が、英祖朝に光春令（爵位）の棬《けん》という人物によって提起されている。英祖二十二年（丙寅、一七四六）、中宗による反正の年（丙寅、一五〇六）から数えて二百四十年後の丙寅年のことであった。しかし「このように重大な変更は、二百余年にわたって歴代の君主も行わなかったところであり、それには深い意図があってのことであるから、今日軽々しく議論すべきではない」との英祖の判断によって、この提案はあっさりと却下されている（『清臺日記』英祖二十二年十一月二十日条）。

このように、「祖」の廟号を贈ることは極めて重大なこととして位置付けられ、軽々しく議論してはならないこととされていたのである。にもかかわらず、哲宗八年（一八五七）に至って唐突に純宗の廟号を純祖に格上げすることになったのはなぜであろうか。

念のため誤解のないように確認しておくと、この段階では英祖も正祖もそれぞれ英宗、正宗と呼ばれ、「祖」の廟号を与えられていない。にもかかわらず、これらの名君を差し置いて純宗に「祖」の廟号が贈られることになったのである。

いったい純祖にどれだけの功績があったのかというと、辛酉年（一八〇一）に天主教徒を弾圧したとか、辛未年（一八一一）の洪景来《こうけいらい》の乱を平定したとかいった位のことで、あまりほめられたような君主でもない。にもかかわらず、この年になって彼が名誉ある「祖」の廟号を受けることになったのは、実は純祖妃である純元王后金氏が同年に亡くなったためであった。

慈聖殿下

純元王后金氏こそは慈聖殿下《じせいでんか》、いわゆる国母《こくぼ》として憲宗朝の政局を支配し、その権勢を維持するために哲宗を純祖の跡継ぎとした張本人である。憲宗・哲宗朝の政治はほとんど彼女とその実家の勢力（安東金氏）によって壟断《ろうだん》されていたといっても過言ではない。だからこそ、彼女の死後にも安東金氏の権力基盤が揺るがないように、敢えてこのタイミングにおいて純祖の追尊が行われているのである。

一体、王が亡くなっても王の母や妃《きさき》は依然として存命であることが多い。新たに即位した王は、先代の王の母や妃――自分にとっては祖母や母に当たる――をそれぞれ大王大妃、王大妃に冊立して手厚い礼遇を与える。ましてや、純祖以降は幼君の即位が続き、純元王后金氏（純祖妃）が慈聖殿下として垂簾聴政を行っていたのである。その実家である安東金氏一族が絶大な権力を握るに至ったことは当然であろう。

安東金氏一族は、自らの権力基盤となる女性たち（大王大妃・王大妃・王妃）に対しての相応の礼遇を要請する。しかし、王朝時代における女性の地位は、その夫（ないし息子）の地位に準じて決定される原則であるので、夫（ないし息子）を差し置いて、女性だけが高い礼遇を受けるということはあり得ない。このため、純祖以降には歴代の王に対してやたらと尊号を追贈したり、世室に指定したりする事例が増えていったが、それは本当のところ、国王その人に対してよりも、むしろその配偶者に対する「尊号」の加上をこそ目的としているのである。

純元金氏から神貞趙氏へ

慈聖殿下として絶大な権力を誇った純元王后（純祖妃）は、哲宗八年（一八五七）に数え六十九歳で亡くなり、三年の喪の明けた哲宗十年（一八五九）に純祖の待つ宗廟に陞祔された。この結果、翼宗（後の文祖）の妃である神貞王后《しんていおうごう》趙氏が王室内の最長老の女性となり、彼女は哲宗八年（一八五七）に大王大妃に冊立された。

その後、哲宗十年（一八五九）には憲宗を世室に指定する措置が取られているが、これは憲宗の生母である大王大妃（神貞王后趙氏）とその実家の一族（豊壌趙氏）、および憲宗妃（孝顕王后金氏）とその実家の一族（安東金氏）、憲宗継妃（明憲王后洪氏）とその実家の一族（南陽洪氏）などに対しての、それぞれの恩典であったと考えるほうが自然であろう。

朝鮮王朝末期の外戚家門としては、純祖妃（純元王后）、憲宗妃（孝顕王后）、哲宗妃（哲仁王后）のそれぞれの実家である安東金氏が圧倒的な勢力を誇り、それに次いで翼宗妃（神貞王后）を擁する豊壌趙氏、および憲宗継妃（明憲王后）を擁する南陽洪氏が一定の勢力を保持していた。しかし純元王后金氏なき今、宮中において最長老となった女性は神貞王后趙氏である。だからこそ、彼女の子の憲宗は百世不遷の世室に指定されることになったわけであるが、それは憲宗その人の功徳に対する措置というよりは、むしろ神貞王后趙氏の一族のための権威付けにすぎない。

かくして哲宗十四年（一八六三）、数え三十三歳の哲宗が跡継ぎなしに亡くなってしまうと、王位継承者選定のキャスティングボートは、自然とこの大王大妃（神貞王后趙氏）の手中に握られることになった。

そうして彼女と大院君との提携によって、後に大韓国皇帝となる高宗《こうそう》が王位を継承することになるのである。

第七章　大韓帝国と宗廟

朝鮮王朝の宗廟は、その末期において皇帝（天子）の制度を採用した。高宗・光武元年（一八九七）に国王高宗《こうそう》が皇帝の位に即《つ》き、国号を改めて大韓《だいかん》と称したことの結果として、宗廟もまた天子七廟の制度に改められることになったのである。皇帝高宗の主観的な意図としては、皇室の権威の確立こそが国家・社会に安定と繁栄をもたらす最も着実な手段となるはずであった。しかし現実の政治は、もはや儒教知識人たちが観念的に構築した「礼」の論理によっては収まり切らなくなっていたのである。

第一節　大院君と高宗――王朝支配の再建をめざして

高宗の即位と哲宗の祔廟

第二十六代国王・高宗（在位一八六三～一九〇七）の家系は大変に複雑なので、まずは本書巻頭の朝鮮王室系図をご覧いただきたい。

第十六代・仁祖の子は昭顕世子、孝宗、麟坪大君《りんぺいたいくん》の三兄弟であるが、このうち麟坪大君の家系は仁祖の玄孫にあたる安興君《あんこうくん》の代で親が尽き、その子の李鎮翼《りちんよく》の代からは一般官僚の扱いとなって臣籍に下っていた。ところがこの李鎮翼の孫、つまり麟坪大君の六世孫に当たる人が正祖の異母弟である恩信君の養子に選ばれて南延君《なんえんくん》に封ぜられ、再び王族の扱いとなる。そうしてこの南延君の子が興宣君《こうせんくん》（後の興

第十七室	哲宗	叔考
第十六室	憲宗	兄
第十五室	翼宗（文祖）	禰
第十四室	純祖	祖
第十三室	正宗（正祖）	曾祖
第十二室	英宗（英祖）	世室
第十一室	粛宗	世室
第十室	顕宗	世室
第九室	孝宗	世室
第八室	仁祖	世室
第七室	宣祖	世室
第六室	中宗	世室
第五室	成宗	世室
第四室	世祖	世室
第三室	世宗	世室
第二室	太宗	世室
第一室	太祖	始祖

図7－1　高宗3年の宗廟

宣大院君）であり、興宣君の第二子が後の高宗となる。

高宗を哲宗の跡継ぎとして指名したのは翼宗妃の神貞王后趙氏であった。彼女は純元王后金氏の故智にならい、高宗を自分の養子として、つまり亡夫翼宗の跡継ぎとして即位させる。この結果、第二十四代の憲宗は高宗の「兄」、第二十五代の哲宗は高宗の「おじ（叔考）」というややこしい位置づけとなったが、これらはすべて神貞王后趙氏が大王大妃として垂簾聴政を行うための前提であった。

高宗三年（一八六六）、先代の王である哲宗はその三年の喪が明けて宗廟に陞祔された。先に述べた辛亥礼論の結論として、宗廟の二昭二穆は統序によって数えることが新たな原則となっていたので、このときも二昭二穆には「純祖・翼宗・憲宗・哲宗」の四代が充てられている。ただし翼宗は追尊の王で、実際には王として即位していない。

なお、純祖の父の正祖は二昭二穆から外れて永寧殿に祧遷される順番に当たっていたが、正祖は倫序からいえば高宗の曾祖父であり、また純祖即位年（一八〇〇）にすでに世室に指定されているので、そのまま宗廟にとどまることになった。この結果、宗廟の祭室は一つ増えて十七室となった。

大院君

高宗朝の初期には神貞王后趙氏による垂簾聴政が行われたが、いわゆる世道（勢道）として実権を掌握していたのは高宗の本生父である大院君《たいいんくん》（興宣大院君、李昰応《りしおう》、一八二〇～一八九八）であった。神貞王后の実家の勢力（豊壌趙氏）は四色党派からいうと少論に属し、この点において南人に属する大院君とは提携の余地があったのであろう。

そもそも国王の本生父に大院君の称号（爵位）を与えることは、朝鮮王朝の古くからの慣例であったが、それ以前の大院君はたいてい王の即位前に亡くなっていたので、単なる追贈にすぎない。ところが高宗の本生父である大院君（興宣大院君）はまだ存命であり、しかもその彼が全権の委任を得て世道として国政全般を取り仕切ることになった。これは朝鮮王朝の長い歴史のなかでも極めて異例の事態であったといわなければならない。

大院君は高宗の系譜上の母となる翼宗妃（神貞王后趙氏）と提携し、彼女の垂簾聴政のもとに世道としての特権的な地位を獲得すると、さらにその権力基盤を固めるために、妻の実家である驪興閔氏《りこうびんし》の娘（後の明成皇后）を択んでこれを高宗の王妃に迎えた。もともと高宗の即位に当たり、大院君は安東金氏の一族から王妃を迎えることを金炳学《きんへいがく》（一八二一～一八七九）――哲宗妃（哲仁王后金氏）の従兄――と約束していたものの、後にこの約束を破棄して閔氏を迎えたのであると言われている。これはもちろん、安東金氏の勢力を抑え込むための策略であった。
ところが皮肉なことに、かえってこの閔妃《びんひ》が大院君の最大の政敵となっていくのである。

写真７−１　老楽堂（ソウル・雲峴宮）

老楽堂は雲峴宮の母屋（内斎）。高宗と閔妃の婚礼はここで行われた。

大院君の国政改革

世道としての地位を固めた大院君は、さっそく国政全般にわたる改革の事業に着手したが、それは要するに復古主義に基づく王権の強化を目指した改革であった。たとえば、壬辰倭乱以来、荒廃したままに打ち捨てられていた景福宮――太祖・李旦が「白岳の陽」に築いた法宮――を再建したことは、彼の改革の目標がなによりも王権の強化にあったことを最も象徴的に示している。

王権の強化を妨げるものは、内においては老論に代表される貴族勢力の既得権益であり、外においては天主教（カトリック）に代表される西洋文明の浸透である。このため、大院君は貴族勢力の牙城となり、各種の免税特権を享受していた全国の書院《しょいん》（儒

写真7－2　勤政殿の玉座（ソウル・景福宮）2010年2月撮影

長らく荒廃していた景福宮は、大院君により、王室の権威の象徴として重建された。勤政殿はその正殿。

学施設）を大々的に撤廃し、かつ天主教徒に対しても大規模な弾圧を加える。このうち天主教徒への迫害は、丙寅年（一八六六）にフランスやアメリカからの軍事的な介入を招くことになったが、大院君は一時的にもせよこの「洋夷《ようい》」の侵犯を撃退することに成功して大いに攘夷の気を吐いていた。

このように強力なリーダーシップを発揮した大院君が、仮に国論を統一して朝鮮の近代化政策を推進することができたとすれば、あるいは朝鮮国の運命も大いに変わっていたのかもしれない。しかし、もともと復古主義に凝り固まっている大院君に、そのような開明的な改革政治を期待することはできなかった。

朝鮮の開国

大院君による書院の撤廃は名教を奉じる老論勢力の反発を強め、また攘夷の推進は対外的な全面戦争の危機を高めた。このため高宗十年（一八七三）に高宗が親政を開始すると、高宗の信任を得ている閔妃の兄・閔升鎬《びんしょうこう》（一八三〇～一八七四）の世道のもとに、一定程度の開化政策が推進されることになった。もともと大院君の家系は老論と対立する南人の家系であり、大院君と閔妃との対立は、ある意味では南人と老論の対立という、昔ながらの党争の構図のうえに展開していたということもできる。しかし翼宗（後の文祖）の養子に入った高宗は、本生父の大院君とは反対に老論を以て自任し、むしろ貴族勢力のなかの最大派閥である老論と提携することによって、自らの権力基盤の拡充を図ろうとした。

これには老論勢力の守護神ともいうべき仁顕王后閔氏（粛宗妃）の存在を強く意識し、自らをその姿に重ね合わせていた閔妃からの影響力が強く働いていたことはいうまでもあるまい。

このため高宗は対外政策においても大院君の逆手を取って開国に転じ、日本および西洋諸国とも修好条約を結んで一定程度の開化政策を推進した。まず江華島事件を契機に日本と日朝修好条規を結ぶ（一八七六年）が、これは当面の軍事的圧力を避けるための、いやいやながらの開国である。その証拠に西洋諸国に対する鎖国政策は従来どおりに行われていたが、その後、中国からの開国誘導（黄遵憲「朝鮮策略」等）に従い、アメリカをはじめとする西洋諸国に対してもついに条約港を開くこととなった（一八八二年）。

もっとも、高宗——および高宗を尻に敷いていた閔妃——には朝鮮の近代化を志向する確固とした政策意思が伴っていたわけではない。このため、日本および西洋諸国と修好条約を結ぶその一方において、朝鮮政府は外来勢力を牽制するために守旧的な清国に対する依存度を高め、国内において穏健改革派（事大党）と急進改革派（独立党）の対立を生み出すことになった。そこにさらに復古派の大院君が絡んで、

写真７－３　大漢門（ソウル・徳寿宮）2015年９月撮影

徳寿宮は高宗の退位後の御座所で、もとは慶運宮といい、または明礼宮といった。大漢門はその正門。

政局は益々混迷の度を深めていく。

この間に、朝鮮の「独立」をめぐって日本と清朝が戦端を開き（日清戦争）、敗北した清朝の勢力は朝鮮半島から後退したが、日本の名声もまたロシア・フランス・ドイツの「三国干渉」により失墜する。そうして日本が開戦の名目とした朝鮮の国政改革は、高宗三十二年（一八九五）の乙未《いつび》事変《じへん》（閔妃暗殺）が裏目に出て失敗に帰し、朝鮮国内においてはかえってロシアの勢力が伸長した。

圜丘壇における即位

一八九七年、いわゆる俄館播遷《がかんはせん》（ロシア公使館への逃避行）を終えて慶運宮《けいうんきゅう》（今の徳寿宮）に還御した国王高宗は、その年に年号を光武と改め、圜丘壇《えんきゅうだん》（天を祀る祭壇）において天下の主宰者として祭祀をささげ、皇帝の位に即いて国号を大韓と改めている。いわゆる大韓帝国の成立である。

そもそも朝鮮王朝は建国以来、上国・明朝に対する服属（事大）を国是としたが、それは明朝が滅んで満洲人の清朝に服属することになっても内面的には変わることはなかった。だからこそ、朝鮮国内では明朝の刑法典である『大明律』を引き続いて行用し、かつ崇禎紀年《すうていきねん》という特異な紀年法によって、明朝最後の崇禎の年号を私的に使用しつづけていたのである。

当時の知識人たちの認識によると、中国本土は今や満洲人の支配する「腥羶《せいせん》」の地となってしまったが、朝鮮だけは「乾浄《かんじょう》」の地として中華の文明を守り続けている。もはや朝鮮は単なる「小中華」ではない。むしろ朝鮮こそが唯一の「中華」となったのである。こうした朝鮮中華思想の高まりによって、皇帝即位への期待は古くから儒教知識人たちの胸中に膨らんでいたが、今やこの期待を一身に集めて、ついに高宗は皇帝となった。

それは『大明律』と表裏一体の関係にある「礼教」の秩序の守護者として、「漢・唐・宋・明」の正統を受け、「中華」の世界に唯一君臨する「皇帝」としての即位であった（拙著『韓国・朝鮮史の系譜』第七章、参照）。

写真７−４　皇穹宇（ソウル・圜丘壇）2015年９月撮影

皇穹宇は圜丘壇の付帯施設で、祭祀の神位を奉安する。圜丘壇そのものは植民地期に撤去されて、その跡地には今は高級ホテルが聳え立っている。

皇帝号の追贈

皇帝となった高宗は、亡き妻の閔氏――甲午改革期に王妃から王后に格上げされていた——にも皇后《こうごう》の位を追贈しているが、その際、高宗が自ら撰述した「明成皇后誌文」には、皇帝即位の必然性が、次のような言葉で力強く述べられている。

大明〔の滅亡〕より以後、天下の礼楽は、尽《ことごと》く東方に在り。（明成皇后誌文）

つまり、高宗の言によれば、彼は天下の「礼楽」を主宰する者として皇帝の位に即いたわけであったが、それより以前からも皇帝の礼を用いること——皇帝を気取ること——は、朝鮮においてすでに慣例となっていたことは前にも述べた。具体的に言うと、たとえば宗廟の制度を「七廟」といい、君主に対する上言を「奏」といったことなどは、いずれも国王を皇帝に見立てていた朝鮮後期の知識人たちの意識の反映にほかならない。

念願の皇帝即位を果たした高宗は、では国民のために一体何をしたか。残念ながら、それは大韓国の自主的な近代化のための改革というよりは、むしろ皇帝としての権威を飾るための復古的、儀礼的な改革に終始したという印象を否むことができない。

たとえば、このころ在野において国権伸張の運動を活発に展開していた独立協会に対し、光武三年（一八九九）、皇帝高宗はこれを強制的に解散させて、皇帝の「専制」を確立している。開化派の独立協会は、なるほど未成熟なものではあったが、それと高宗の専制と、果たしてどちらが朝鮮の近代化を担う主体として相応しいものであっただろうか？

写真7－5　独立門（ソウル・独立公園）2015年9月撮影
事大主義の象徴というべき迎恩門を撤去した後に、徐載弼らの独立協会が独立・自主の象徴として独立門を建てた。

奪統

ともあれ、皇帝としての専制権力を確立した高宗は、この年（光武三年）の十一月、宗廟の祭祀においてもある重大な変更を加えている。

そもそも高宗の実の父親は大院君であるが、系譜上の父は、実際には即位していない追尊の王の翼宗（後の文祖）である。したがって、高宗の四親（高曾祖禰）は真宗（孝章世子）、正祖、純祖、翼宗ということになる。一方、高宗の本生父である大院君は、孝宗の弟・麟坪大君の六世孫である南延君の第四子であり、南延君は思悼世子（荘献世子）の庶子である恩信君の家に養子に入っている。したがって思悼世子は、これも系譜の上では大院君の曾祖父に当たり、高宗にとっては高祖父に当たる。このため、高宗は思悼世子を追尊して荘宗《しょうそう》という廟号を与え、これを宗廟に陞祔して自分の正式の高祖父として位置付けることにした。

　この結果、正祖は晴れて思悼世子の息子ということになったが、それは兄・真宗に託されていた王統を弟の思悼世子が奪い取ったということにほかならない。金沢栄《きんたくえい》の『韓史綮《かんしけい》』が、これを「奪統」と評しているのはそのためである。

かくして英祖三十八年（一七六二）の某年義理をめぐる論争は、足掛け百三十八年にわたる不毛な論争の果てに、ようやくその決着を見ることになった。そうして高宗にとっては、この種の礼論こそが皇位の正統性を確立するための最優先の課題なのであった。

皇帝追尊

荘宗（思悼世子、荘献世子）の祔廟を実現した高宗は、同年（光武三年）十二月、その他の祖先に対しても大々的な追尊を行っている。自身が皇帝となったからには、ご先祖さまにも一緒に皇帝になっていただきたいという趣向であろう。具体的には、

⑴太祖李旦を追尊して廟号を「太祖」、諡号を「高皇帝」とした。
⑵高祖父の荘宗を追尊して廟号を「荘祖」、諡号を「懿皇帝」とした。
⑶曾祖父の正宗を追尊して廟号を「正祖」、諡号を「宣皇帝」とした。
⑷祖父の純祖を追尊して廟号を「純祖」、諡号を「粛皇帝」とした。
⑸父（禰）の翼宗を追尊して廟号を「文祖」、諡号を「翼皇帝」とした。

というのがその内容であった。これに伴い、歴代の王の位牌も全面的に作り替えられたが、このとき、明朝の皇帝からもらった諡を記した「有明贈諡〇〇」の六字は、もはや不要となって位牌から削られた

ことにも注意しておきたい（『高宗実録』光武三年十二月十三日条）。
もっとも、このとき追尊の対象となったのは五廟（五室）にとどまっている。せっかく皇帝となりながら、七廟（七室）の追尊をしていないのはなぜであろうか。

哲宗二年（一八五一）の辛亥礼論より以降、宗廟の昭穆は統序によって数えることが原則となった。したがって、高宗からみて三昭三穆に該当するのは「荘祖・正祖・純祖・文祖・憲宗・哲宗」の六人ということになる。このうち「荘祖・正祖・純祖・文祖」は倫序からいっても高宗の四親（高曾祖禰）に該当するので全く問題はない。しかし憲宗・哲宗は高宗から見て傍系になるので、しばらく皇帝への追尊を保留したということであろう（あるいは、韋玄成・鄭玄の説に基づいて三昭三穆を文武の二祧と四親とみなし、ひとまず太祖と四親のみを追尊したということかもしれない）。

ちなみに、高宗の本生父である大院君（このときはすでに亡くなっていた）も、息子が皇帝となった御陵で王に格上げされた。献《けん》懿《い》大院王《たいいんおう》というのがその正式の諡号である。

純宗による追尊

ついでにいうと、大韓帝国の最後の皇帝・純宗《じゅんそう》（在位一九〇七～一九一〇）の隆熙二年（一九〇八）には、さらに皇帝追尊が行われている。このときの追尊の内容は、

(1)真宗を追尊して諡号を「昭皇帝」とした。
(2)憲宗を追尊して諡号を「成皇帝」とした。

(3)哲宗を追尊して諡号を「章皇帝」とした。

というもので、これで真宗・荘祖から哲宗に至るまでの歴代の王は、追尊の王である真宗・荘祖・翼宗（文祖）を含めてすべて皇帝に格上げされることになった。

「兄弟同昭穆」の理屈からいえば、真宗は異母弟である荘祖の追尊と同時に皇帝に格上げされるべき

写真7－6　中和殿とその玉座（ソウル・徳寿宮）2015年1月撮影

中和殿は徳寿宮の正殿。1904年の火災で一旦焼失し、その後再建された。

第一室	第二室	第三室	第四室	第五室	第六室	第七室	第八室	第九室	第十室	第十一室	第十二室	第十三室	第十四室	第十五室	第十六室	第十七室	第十八室	
太祖高皇帝	太宗	世宗	世祖	成宗	中宗	宣祖	仁祖	孝宗	顕宗	粛宗	英祖	荘祖懿皇帝	正祖宣皇帝	純祖粛皇帝	文祖翼皇帝	憲宗成皇帝	哲宗章皇帝	
始祖	世室	世室	世室	世室	世室	世室	世室	世室	世室	世室	世室	高祖	曾祖	祖	禰	兄	叔考	

図7－2　大韓帝国時代の宗廟

＊属称は高宗から見たもの

西夾						正殿				東夾					
第五室	第六室	第七室	第八室	第九室	第十室	第一室	第二室	第三室	第四室	第十一室	第十二室	第十三室	第十四室		
定宗	文宗	端宗	徳宗	睿宗	仁宗	穆祖	翼祖	度祖	桓祖	明宗	元宗	景宗	真宗昭皇帝		

図7－3　大韓帝国時代の永寧殿

であったが、そのときはすでに永寧殿に祧遷されていたことを理由に追尊の対象からは除外された。その真宗を遅まきながら皇帝に追尊しているのは、おそらくは「奪統」への反発を和らげるための措置なのであろう。また憲宗・哲宗は傍系であることを理由に追尊の対象から除外されていたが、この二人に対しても遅まきながら追尊が行われることになった。

　この結果、宗廟には太祖高皇帝をはじめとして、荘祖懿皇帝、正祖宣皇帝、純祖粛皇帝、文祖翼皇帝、憲宗成皇帝、哲宗章皇帝の七人の皇帝が祀られることになったが、これはいうまでもなく、中国の古典（『礼記』王制篇）にみえる天子七廟の制度の完成を意味している。

　こうした一連の追尊もむなしく、……いやこのような礼制改革に明け暮れていたからこそ、大韓帝国はあたら近代化の道を踏み外すことになったのであった。

第二節　宗廟のその後——国破れて宗廟あり

　一九一〇年、大韓帝国は日本の植民地に転落し、その地はふたたび朝鮮と呼ばれることになった。日朝修好条規の締結（一八七六年）から数えて三十四年後、アメリカとの条約締結（一八八二）から数えても二十八年後の、ほとんどあっという間の滅亡であった。

　しかしながら、国は滅んでも王室は存続する。高宗皇帝は徳寿宮《とくじゅきゅう》李太王、純宗皇帝は昌徳宮《しょうとくきゅう》李王、皇太子の英親王は李王世子に冊立され、それぞれ皇帝から王へと格下げとなったが、それでも日本の皇族に準じる地位を保障されたことによって、李王室そのものはかえって経済的に安定したということもできる。もちろん、それは朝鮮の民衆の犠牲のうえに立った、王室と貴族のみが享受する歪《いびつ》な安定にすぎなかったわけであるが……。

　ともあれ、李王室が存続している以上、宗廟の祭祀は植民地朝鮮においても引き続き行われていたのである。大韓帝国の滅亡時点における宗廟は、光武三年（一八九九）に荘宗、改め荘祖懿皇帝を加えて合計十八室にまで肥大化していたが、それは亡国後においてもさらに一室を加え、結局十九室となって今日に至っている。植民地に転落して以降の宗廟の歴史についても、今しばらく辛抱してその行く末を見届けておくことにしよう。

高宗の祔廟と荘祖の祧遷

一九一〇年の韓国併合により準皇族の地位を与えられ、徳寿宮李太王殿下と呼ばれることになった高宗は、その後、大正八年（一九一九）――旧暦では戊午年（一九一八）の十二月――に数え六十七歳で亡くなり、三年の喪の明けた大正十年（一九二一）に宗廟に陞祔された。

高宗・純宗が皇帝から王に格下げとなった以上、李王室の宗廟は原理的にいえば諸侯五廟の制度に引き戻されなければならないはずである。もっとも、朝鮮総督府のほうではなるべく朝鮮の旧慣を尊重する方針であったようで、宗廟においては天子七廟の制度がそのまま保存されている。そこでこの七廟の制度を前提として、高宗を祔廟する際にどのように昭穆を数えるのかを議論することになった。その数え方次第でいろいろと議論の多い荘祖が永寧殿に祧遷されるかどうかが決まるわけであるから、事はそれなりに重大である。

七廟とは、具体的には太祖と三昭三穆を指すが、このうち三昭三穆については高曾祖禰の四親と文武の世室（二祧）を指すとする韋玄成・鄭玄らの解釈と、六代祖以降の六世代を指すとする劉歆・王粛ら

室	王	属称
第十八室	高宗太皇帝	禰
第十七室	哲宗章皇帝	叔祖
第十六室	憲宗成皇帝	伯考
第十五室	文祖翼皇帝	祖
第十四室	純祖粛皇帝	曾祖
第十三室	正祖宣皇帝	高祖
第十二室	英祖	世室
第十一室	粛宗	世室
第十室	顕宗	世室
第九室	孝宗	世室
第八室	仁祖	世室
第七室	宣祖	世室
第六室	中宗	世室
第五室	成宗	世室
第四室	世祖	世室
第三室	世宗	世室
第二室	太宗	世室
第一室	太祖高皇帝	始祖

図7－4　1921年の宗廟

＊ 属称は純宗からみたもの。

東夾		
	第十五室	荘祖懿皇帝
	第十四室	真宗昭皇帝
	第十三室	景宗
	第十二室	元宗
	第十一室	明宗
正殿	第四室	桓祖
	第三室	度祖
	第二室	翼祖
	第一室	穆祖
西夾	第十室	仁宗
	第九室	睿宗
	第八室	徳宗
	第七室	端宗
	第六室	文宗
	第五室	定宗

図7－5　1921年の永寧殿

の解釈とが対立していることはすでに述べた。また昭穆の数え方について、兄弟は昭穆を同じくするという「倫序」重視の数え方と、王位の継承をすべて「父子」の相続に見立てる「統序」重視の数え方とが対立していることもすでに述べたとおりである（本書第三章第一節、参照）。

　この点、朝鮮王朝ではもともと倫序にしたがって昭穆を数えてきたのであるが、これもすでに述べた哲宗二年（一八五一）

第十九室	純宗孝皇帝	兄
第十八室	高宗太皇帝	禰
第十七室	哲宗章皇帝	叔祖
第十六室	憲宗成皇帝	伯考
第十五室	文祖翼皇帝	祖
第十四室	純祖粛皇帝	曾祖
第十三室	正祖宣皇帝	高祖
第十二室	英祖	世室
第十一室	粛宗	世室
第十室	顕宗	世室
第九室	孝宗	世室
第八室	仁祖	世室
第七室	宣祖	世室
第六室	中宗	世室
第五室	成宗	世室
第四室	世祖	世室
第三室	世宗	世室
第二室	太宗	世室
第一室	太祖高皇帝	始祖

図７−６　今日の宗廟

＊ 属称は英親王からみたもの。

の辛亥礼論によって、以後昭穆は統序に従って数えることが原則となった。したがって、このときも統序により、「正祖・純祖・文祖・憲宗・哲宗・高宗」の六代を三昭三穆に充てることで議論が一致し、世代の離れた荘祖は高宗と入れ替わりに永寧殿に祧遷されることになった（『純宗実録』附録、大正十年二月十六日条）。

さまざまな論争の果てにようやく宗廟に陞祔された荘祖（思悼世子）であったが、彼が宗廟に祀られた期間はわずかに足掛け二十三年という短さである。この結果、宗廟の祭室は一増一減で、引き続き十八室の制度を維持することになった。

純宗の祔廟

大韓帝国の最後の皇帝、純宗は大正十五年（一九二六）に亡くなり、三年の喪の明けた昭和三年（一九二八）に宗廟に陞祔された。このとき統序にしたがって三昭三穆に充てられたのは「純祖、文祖、憲宗、哲宗、高宗、純宗」の六代である。これと入れ替わりに純祖の先代である正祖が永寧殿に祧遷される順番に当たっていたが、正祖は新しく李王に冊立された英親王（純宗の異母弟）からみて高祖父に当たっており、まだ親は尽きていないのである。もっとも、正祖は純祖即位年（一八〇〇）に早々と世室に定められていたので、彼の位牌がそのまま宗廟にとどまったことは当然であろう。

この結果、宗廟の祭室は一室増えて十九室となった。これが今日私たちの目にする最終形態の宗廟である。

英親王を永寧殿に陞祔

最後に、永寧殿についても確認しておくことにしよう。永寧殿は世宗三年（一四二一）に六間（うち正殿四間）の規模で建てられたが、壬辰倭乱によって焼失。その後、光海君即位年（一六〇八）に十間（正殿四間、東西夾室各三間）の規模で再建された。これまで述べてきたとおり、朝鮮後期にはやたらと世室が設けられたために、その分、永寧殿に祧遷される王は少なくなったが、それでも光海君二年（一六一〇）には徳宗・睿宗の兄弟を祧遷し、顕宗二年（一六六一）に仁宗・明宗の兄弟を祧遷している。この結果、永寧殿の十間は満室となってしまったので、顕宗八年（一六六七）にさらに二間（東西夾室各一間）を増築した。

その後、粛宗二十四年（一六九八）に端宗の名誉回復を行って彼を永寧殿の文宗の次室に陞祔し、また景宗二年（一七二二）に追尊の王の元宗を祧遷した。この結果、永寧殿の十二間はまたしても満室となってしまったため、憲宗二年（一八三六）にさらに四間（東西夾室各二間）を増築した。

東夾						正殿				西夾					
第十六室	第十五室	第十四室	第十三室	第十二室	第十一室	第四室	第三室	第二室	第一室	第十室	第九室	第八室	第七室	第六室	第五室
懿愍皇太子（英親王）	荘祖懿皇帝	真宗昭皇帝	景宗	元宗	明宗	桓祖	度祖	翼祖	穆祖	仁宗	睿宗	徳宗	端宗	文宗	定宗

図7－7　今日の永寧殿

その後、憲宗三年（一八三七）に景宗を祧遷し、哲宗二年（一八五一）にこれも追尊の王の真宗を祧遷した。そうして大正十年（一九二一）に高宗が宗廟に陞祔されると、これと入れ替わりに荘祖が永寧殿の東夾第五室（通算して第十五室）に祧遷されたが、この段階で永寧殿の東西夾室各六間は、ただ東夾第六室（同じく第十六室）を余すのみとなった。

そうしてこの最後の一室には、一九七〇年に亡くなった大韓帝国の最後の皇太子——第二十七代・純宗の異母弟である英親王《えいしんのう》（一八九七〜一九七〇）——の位牌が、いわゆる三年の喪の明けるのを待って一九七三年に奉安された。

英親王は皇帝として即位したわけではなく、また皇帝に追尊されたわけでもない。しかし彼は異母兄である純宗の没後に日本の皇室によって李王に冊立されているから、その意味では李氏の宗廟に祀られることは当然であろう。しかし生憎と宗廟の十九間はもはや満室である。そこでたまたま空き室となっていた永寧殿の東夾第六室（通算して第十六室）に彼の位牌を奉安することになった。

それは日本に冊立された李王としてではなく、あくまでも大韓帝国最後の皇太子（懿愍《いびん》皇太子）としての例外的な措置であった。

終　章　民族の正体性を求めて——その「正しいあり方」とは？

ここまで宗廟の歴史を長々とたどってきたが、それは要するに、朝鮮国王、改め大韓国皇帝の統治の正統性を具現化するための装置として存在してきたといってよいであろう。しかし王朝が滅びて植民地に転落した歴史、そうして植民地支配からの独立（光復）を獲得した歴史は、亡国以前の王朝時代の歴史の意味するところを改めて問い直す作業を抜きにしては描くことができない。宗廟の歴史に対する評価も、要は韓国・朝鮮の人々にとって、なにが民族のあるべき姿であり、正しい姿であるのかという、いわゆる正体性《せいたいせい》（アイデンティティー）の問題を抜きにしては考えることができないのである。

金沢栄

金沢栄《きんたくえい》（一八五〇〜一九二七）は旧韓末の修史官。かつて『崧陽耆旧伝《すうようききゅうでん》』という開城の人物志を編纂したことから開化派の官僚・金弘集《きんこうしゅう》（一八四二〜一八九六 少論）にその史才を見込まれて甲午改革政府の議政府編史局主事となり、議政府が内閣に改まると内閣主事に職名を改め、さらに中枢院参書官に昇進して内閣記録局史籍課長を兼ねた。

甲午改革政府は日清戦争中に日本の勢力を後ろ盾として樹立された政権であったが、その後、ロシア・フランス・ドイツの三国干渉による日本の威信低下により、皇后閔氏の暗殺、俄館播遷などの政変を経て建陽元年（一八九六）二月に改革政権は倒壊した。それでも金沢栄は引き続き官途にとどまり、同年十月、学部大臣の申箕善《しんきぜん》（一八五一〜一九〇九）が『儒学経緯《じゅがくけいい》』を刊行したときにも彼は中枢院参書官としてこの本に序文を寄せている。

ところが、この本の出版は当時の在韓欧米人たちの反感を買い、申箕善は責任を取らされて辞職、金沢栄もそのとばっちりを受けて辞職することになった。

写真１　旧ロシア公使館址（ソウル・貞洞公園）2015年９月撮影
俄館播遷の舞台となった旧ロシア公使館の址。いまは塔屋だけが残っている。

> ちかごろ西洋人の〔布教している〕いわゆる耶蘇教なるものは、田舎者の出鱈目の説で、夷狄のいやしい風俗にすぎない。〔異端として〕論辨するにも足らない教えである。（『儒学経緯』学術）

右のような『儒学経緯』の西洋批判は、正統的な儒学者の立場からいえば、ごくありきたりの陳腐な言説にすぎない。しかし、それが現職の学部大臣の著作であるということが、改革政権崩壊後の反動の時期においては大いに問題となった。この本の出版に対して当時の在韓欧米人たちがいかにヒステリックに反応したかは、イザベラ・バードの『朝鮮とその隣国』（第三十六章）などに詳しく記されているとおりである。

この騒動で一旦離職した金沢栄は、その後、学部大臣に復帰した申箕善に拾われて学部の編輯の任につき、光武七年（一九〇三）に『文献備考《ぶんけんびこう》』の続撰委員に任命され、光武九年（一九〇五）に再び学部の編輯委員を兼ねた。しかし、このころすでに大韓国の行く末を悲観していた金沢栄は、同年、上海に渡って中国に亡命する。彼は一八八二年の壬午軍乱《じんごぐんらん》（閔氏政権に反発した旧式軍人たちの暴動）の際、軍乱平定のために中国から派遣された呉長慶《ごちょうけい》（一八三四〜一八八四）の幕僚たちと交遊を結んでいたが、なかでも特に親交の深かった中国の実業家・張謇《ちょうけん》（一八五三〜一九二六）を頼ってその食客となり、張謇の開設した南通・翰墨林書局の校正係として残余の生涯を送ることになる。

金沢栄は西洋主義に染まった日本の植民地支配下に生きるよりも、むしろ夫子《ふうし》（孔子）を生み出した中国の地で死にたいと考えたのであろう。果たして金沢栄の亡命の後、一九一〇年に大韓国（大韓帝国）はあっけなく滅びてしまったが、彼は終生「大韓」の遺民としての矜持を持ち続けていた。そうして言葉も通じない異国の地で『韓国歴代小史』、『韓史綮』などの歴史書の編纂に心血を注ぎ、また親友であった李建昌《りけんしょう》（一八五二〜一八九八）の文集『明美堂集《めいびどうしゅう》』（一九一七年、南通・翰墨林書局排印本）の刊行などにも従事しつつ、一九二七年――大韓帝国最後の皇帝・純宗の崩御の翌年――に数え七十八歳でその生涯を閉じたのであった。

韓史綮

金沢栄の『韓史綮』は本書のいわゆる種本の一つ。この書は金沢栄が亡命先の中国でまとめた大韓国の断代史で、張謇の開設した南通・翰墨林書局より印行されている。初刊本（一九一四年刊）は女壻の岳逢春《がくほうしゅん》、再刊本（一九一八年刊）は孫廷堦《そんていかい》という人が刊行しているが、両者には巻次の構成をはじめとしてかなりの出入がある。さらに、『韓史綮』を丸ごと『韓国歴代小史』に組み入れて通史としたものが、一九二二年に、これも南通・翰墨林書局より刊行されている。したがって『韓国歴代小史』の「韓紀」の部分が、一応、『韓史綮』の完成版ということになるであろう。

さて、その内容であるが、これは太祖から純宗に至るまでの「韓」の「二十三王、二帝、二廃主」の五百十九年の歴史を漢文体で記録した断代史で、それはまさしく大韓国にささげる金沢栄のオマージュといえる。

では、祖国の滅亡の原因について、金沢栄はいったいどのような認識を抱いていたのであろうか。この点については大韓国の滅亡の決定的な契機となった日露戦争後の日韓協約の条、すなわち光武九年（一九〇五）十一月の条に付された金沢栄の次の史論がもっとも参考になる。

今日議論する者は、あるいは次のように言うかもしれない。――韓国が清の藩属の地位を脱して独立したのは、日本の仕組んだことである。だから、日本が韓国を滅ぼしたのは、直接にはロシアを破った時点でのことであるが、実際には清国を破った時点〔ですでに決まっていたこと〕なのだと。

〔しかし〕この議論は全く間違っている。日本が韓国を独立させた時点において、韓国を併呑するはかりごとは、なるほど、心中には潜んでいたが、将来、ロシアを打ち破るとまでは予測することができなかった。〔そこで〕しばらく〔韓国に〕手を伸ばして、そろそろと〔ロシアの〕出方を窺っていたにすぎない。もし、太上皇（高宗）がこの十年の間を使って臥薪嘗胆、ひたすらに国政改革に励んでいたならば、日本も〔韓国に対して〕手の出しようがなかったことであろう。〔ところが〕如何せん、〔高宗は〕官爵を売り鬻ぎ、巫堂《ムーダン》の祈禱や観劇〔に耽る〕以外には、なにも知るところがなく、一日萬幾の政務は、日ごとに混乱衰亡の道をたどっていながら、ただ、ロシア人の鼻息を窺って、一縷の命運をつなごうとするばかりでどうしようもない。ああ、ロシア人にしても、どうして日本人と同じような〔韓国を併呑する〕魂胆がなかったといえるだろうか。だから、「韓国が滅亡したのは、ロシアが敗れたからではない。ただ〔韓国が〕自分で自分を損ない、自分で自分を滅ぼしたにすぎない」というのである。ああ痛ましいかな。（『韓国歴代小史』韓紀、光武帝、乙未九年十一月条、論）

ここで述べられているのは、高宗の政治姿勢に対する金沢栄の痛烈な批判である。女壻の岳逢春が初刊本の跋に述べているとおり、『韓史綮』には「旧君の過ち」をかなり率直に批判している部分が少なくない。それは金沢栄がどちらかというと少論寄りの人物であり、したがって老論を以て自任する高宗とは党派的立場を異にしていたということも一つの要因であろうが、それ以上に甲午改革政権を俄館播遷によって崩壊に追い込んだ高宗の政治姿勢に対する失望のほうが、いっそう大きな要因となっていたのではないだろうか。

上述のとおり、金沢栄は金弘集からの推薦を受けて甲午改革政府に登用され、修史官として改革政権の末席に連なっていた。甲午改革は、いわゆる親日勢力が主導したという意味において一定の限界をもっていたが、それでも朝鮮が自らの力で近代化を推進するための、ほとんど最後のチャンスであったといっても過言ではない。しかしその改革の萌芽は一八九六年の俄館播遷による金弘集内閣の倒壊によって完全に摘み取られてしまい、金弘集その人もまた暴徒化した民衆によって虐殺されてしまった。

金沢栄自身は保守的な儒学者であるから、必ずしも甲午改革に積極的であったとはいえないにしても、金弘集に近しい立場の彼としては、当然、高宗の政治手法に対して批判的な感情を抱かざるを得なかったわけであろう。

大義名分論の功罪

俄館播遷によって専制君主としての権力を取り戻した高宗は、その後、皇帝に即位して国号を大韓と改め、彼なりに理想的な国家の建設に邁進する。しかしその理想は完全に時代から取り残されたもので、いまさら皇帝を名乗ったところで何がどうなるというものでもなかった。ただし、それは高宗一人だけの夢ではなく、むしろ朝鮮後期の知識人たち、とりわけ老論系の知識人たちが一貫して追い求めてきた夢の実現であったということはできよう。

一体、権力と密着し、これを理念的に支える立場にあった老論の議論は、とかく観念論に走りやすい。後期の朝鮮王朝は、現実には清朝に事大の礼をとる属国にすぎなかったが、この現実の姿を直視することなく、観念の世界に逃避してひたすら反清的な自尊意識を膨らませていたのが老論に代表される当時の儒教知識人たちの一般的な姿であった。

これに対し、少論や南人の知識人は「尊周の大義」に割合と冷淡で、たとえば粛宗朝の朴世采のように、李成桂の威化島回軍をその実態どおり、権力掌握のためのクーデターとして突き放して認識するようなクールな歴史観をもった知識人たちも存在していたことは本書に述べたとおりである（第五章第三節）。

老論の掲げる「尊周の大義」が権力と結びつくとき、そこに生まれるものは異なる思想や自由な解釈を抑圧して人々を画一的な秩序のもとに押し込めようとする一種のファシズムであろう。権力から疎外された少論や南人の知識人たちは、自らを抑圧される立場の存在として認識する限りにおいては、この種の大義名分論から割合と自由であった。現代の世界に生きる私たちが、どちらかといえば老論よりも少論・南人のほうに共感を覚えることが多いのはこのためであろう。

とはいえ、党争の風向きが変わって彼らが権力の側に立った場合、少論や南人も結局は老論と同じように大義名分論を振りかざし、自らの権力の維持に汲々としていたことは同じである。結局、近代以前の朝鮮の知識人たちは、老少南北、どの党派であれ大同小異、いずれも中国の古典（『書経』大禹謨／『左伝』文公七年）に見える「正徳《せいとく》・利用《りよう》・厚生《こうせい》」のうち、もっぱら「正徳（民の徳を正すこと。道徳の向上）」

のみを重視し、「利用（民の用き《はたら》を利く《するど》すること。生産性の向上）」、「厚生（民の生を厚くすること。福祉の向上）」については、せいぜい空虚な観念論を振り回すことしかできなかったと言わざるを得ない。もちろん、彼らの掲げる道徳論が、「正徳」を置き去りにした現代社会において一定の批判的意義を持ち続けていることは認めるとしても……。

民族の「正体性」とは？

こうした儒教知識人たちの大義名分論は、近代以降、朝鮮が開化政策を推進するにあたっての一定の阻害要因となったことは否定することができない。亡国による植民地への転落、そうして「光復」以後における民族分断の苦難のなかで、一貫して民族の統一と近代化とを追求してきた旧世代の人々にとって、王朝末期の政治文化は朝鮮の近代化を阻害した忌まわしき夢魔の世界にほかならない。「党争」しかり、「尊周の大義」しかり、……宋時烈に代表される西人、とりわけ老論の掲げる政治理念は、その尽くが「近代化」の旗印のもとに全否定の対象となっていったことは当然であろう。

ところが時代の変遷とともに、歴史に対する捉え方も微妙に変化してくる。今日の韓国の人々にとって、近代化はもはや遠い目標ではなく、むしろ「漢江《ハンガン》の奇跡」によって現に達成されている現実である。経済・社会の発展に伴い、自国の歴史についても積極的・肯定的な捉え方が現れてくるのは自然の流れであって、それはかつて全否定の対象となっていた朝鮮朱子学や党争に対する再評価にまで及んでいく。

朝鮮時代の伝統的な政治文化について、それを近代化の阻害要因としてではなく、むしろグローバル時代における民族の正体性（アイデンティティー）の拠り所として積極的かつ肯定的に捉え直そうとする動きは主として韓国の学界において活発であり、今日においてはむしろこの種の立場のほうが、ほぼ通説としての地位を築いているといってよいであろう。

もともと他国（中国）の文化であった儒教や宗廟が自国の文化の正体性の拠り所として再評価され、国策として進められる「世界遺産」への登録がその評価を強力に後押しする。そうして王朝時代に対するこの種の肯定的な捉え方が、通俗的には韓国の「歴史ドラマ」をとおしてアジアに広く流通し、一部に熱烈なファンを獲得していることは周知のとおりであろう。

民族の正体性の拠り所は、必ずしも一つとはいえない。かつて近代化を目標とした時代においては、それを先取りした近代思想の萌芽としての「実学」の思想がもてはやされていた。しかし、丁若鏞《ていじゃくよう》（一七六二～一八三六）に代表される実学思想のほうも、その本質において「復古」を志向していることは道学と同じであり、そのまま近代的思惟に結びつかない点においてはどちらも五十歩百歩である。一方、宋時烈に代表される朝鮮中華思想については、なるほど朝鮮の近代化を阻害した側面を否定することはできないにしても、すでに近代化を達成した今日から見れば、むしろ民族的な自尊心の拠り所としてある種の人々の共感を集めやすいことも確かであろう。

もっとも、筆者はそのうちのどちらが正しいとか、間違っているとかいうことを言いたいわけではない。韓国・朝鮮の歴史の正体性に関する問題は、結局のところ、韓国・朝鮮の人々の議論に委ねるしかないというのが筆者の基本的な立場である。

宋時烈にせよ、丁若鏞にせよ、王朝時代の知識人たちが追求した礼教の世界は、少なくとも前近代においてはたしかに韓国・朝鮮の正体性を支えていた。しかし、それは資本主義的な競争社会に生きる今日の私たちの世界観とは、もはや根本的に異なっている。良い意味でも悪い意味でも、あくまでもこの礼教の理想を追求しつづけたところに儒教知識人たちの知識人たる所以があり、そうしてそこに彼らの限界もある。彼らの描いた礼教の理想を二十一世紀に生きる私たちがどのようにして受け止め、受け継いでいくのかについては、もはや読者のご判断に委ねるしかあるまい。

理想を追求するものは、とかく現実からは遊離しがちである。本書に登場した朝鮮時代の知識人たちも、多くはその批判を免れることができないであろう。とはいえ、近代の高みに立って前近代の歴史を断罪することは、そもそも本書の意図ではない。むしろ形骸化した理念への拘泥や既成事実の無原則の積み重ねなど、現代社会に生きる我々にも無縁ではないある種の病理現象に対する一服の解毒剤として、本書をお読みいただければと思う。

そうして読者のみなさまが韓国・朝鮮の歴史に対する興味をそれぞれに高め、いつの日かソウルの宗廟を訪れる際に、本書の内容のなにがしかを思い起こしていただけたならば、著者としては幸いこれに過ぎるものはあるまいと思う。

《参考図書・参考文献》

本書の内容をより深く理解していただくための前提として、朝鮮史の概要を学んでおくことは必須である。まずは邦文による通史・概説書として代表的な著作を紹介したい。このうち、戦前の著作については時代的な制約や偏向を伴うものも含まれているが、学問的には依然として参照する価値の高い優れた著作が多いこともまた事実である。

『韓国政争史』幣原坦著（一九〇七年、東京、三省堂）
『朝鮮通史』林泰輔著（初版、一九一二年、東京、冨山房。増補版、一九四四年、岡崎、進光社）
『朝鮮小史』小田省吾著（一九三一年、東京、魯庵記念財団）
『朝鮮史の栞』今西龍著（一九三五年、京城、近澤書店。復刻本、一九七〇年、東京、国書刊行会）
『朝鮮史のしるべ』朝鮮総督府編（一九三六年、京城、朝鮮総督府）
『朝鮮史・満洲史』稲葉岩吉・矢野仁一著（一九三九年、東京、平凡社）
『朝鮮史概説』三品彰英著（一九四〇年、東京、弘文堂書房〔教養文庫〕）
『朝鮮史』旗田巍著（一九五一年、東京、岩波書店。復刻本、二〇〇八年、東京、岩波書店）
『朝鮮――風土・民族・伝統』中村栄孝著（一九七一年、東京、吉川弘文館）

『朝鮮の歴史』朝鮮史研究会編（一九七四年、東京、三省堂。新版、一九九五年、東京、三省堂）
『朝鮮史』武田幸男編（一九八五年、東京、山川出版社。新版、二〇〇〇年、東京、山川出版社）
『歴史物語 朝鮮半島』姜在彦著（二〇〇六年、東京、朝日新聞社）
『朝鮮の歴史――先史から現代』田中俊明編（二〇〇八年、京都、昭和堂）

宗廟の制度と歴史については次のような文献を参照した。

『通典』唐・杜佑撰（天子宗廟）
『通志』宋・鄭樵撰（礼略、吉礼下、宗廟）
『羣書考索』宋・章如愚撰（礼門、廟制類）
『文献通考』宋・馬端麟撰（宗廟考、天子宗廟門）
『続文献通考』明・王圻撰（宗廟考）

右は中国歴代王朝の礼制に関する基本文献。さらに遡《さかのぼ》っていえば、『漢書』、『後漢書』、『晋書』、『宋書』、『隋書』、新旧『唐書』、『宋史』、『明史』などの、歴代の正史に収録する「礼志」を参照すべきことはいうまでもない。

《参考図書・参考文献》

『宗廟儀軌』（粛宗三十二年［一七〇六］撰。一九九七年、ソウル、ソウル大学校奎章閣影印本）

『増補文献備考』礼考（純宗隆熙二年［一九〇八］撰。一九八一年、ソウル、明文堂影印本）

右は朝鮮時代の宗廟に関する基本文献。中国の歴代の知識人たちが議論に議論を重ねてきた礼論を、朝鮮の知識人たちがどのように受容し、どのように実践したのかということこそが本書のモチーフである。

『紀年児覧』李萬運・李徳懋編（正祖二年［一七七八］撰。一九八九年、ソウル、太学社影印本）

『典故大方』姜斅錫編（一九二四年初刊。一九八二年、ソウル、明文堂影印本）

右は朝鮮時代の典故、特に主要な人物情報をまとめたもの。宗廟を論じる場合に常に頭を悩ますのが王や王妃の尊号・諡号・廟号などの変遷であるが、これらを見ればこの面倒な問題も一目瞭然である。

『金沢栄全集』（一九七八年、ソウル、亜細亜文化社）

右は金沢栄の代表的な著作を影印して纏めたもの。その第三巻と第四巻に『韓国歴代小史』、第五巻に『韓史綮』の再刊本を収録する。なお、『韓史綮』の初刊本については、韓国学中央研究院（韓国）

の「蔵書閣デジタルアーカイブ」〈http://yoksa.aks.ac.kr/〉で全文画像および電子テキストが閲覧できる。

『朝鮮時代党争史』上・下、李《イ》成《ソン》茂《ム》著、아름다운날（アルムダウンナル）

右は朝鮮時代史研究の大家による朝鮮時代の政治史（党争史）の概説書。韓国文で、いまのところ邦訳はないが、広く朝鮮党争史の全体をカバーしており、最も優れた入門書として評価が高い。

このほか、『朝鮮王朝実録』などの一次史料――その多くは、今日検索可能な電子テキストとしてインターネット上に公開されている――から多くの示教が得られることはいうまでもない。本書は、これらの文献に記録された事柄の粗雑な引き写しにすぎないが、その内容に少しでも興味を抱いた読者諸賢は、ぜひ、右の諸文献を紐解いてさらに探究を深めていただきたい。

〈宗廟年表〉

太祖四年	（一三九五）	宗廟竣工（七間、うち石室五間）。 穆祖・翼祖・度祖・桓祖を宗廟に陞祔。
太宗十年	（一四一〇）	太祖を宗廟に陞祔。
世宗三年	（一四二一）	永寧殿竣工（六間、うち正殿四間）。 穆祖を永寧殿に祧遷。 恭靖王（定宗）を宗廟に陞祔。
世宗六年	（一四二四）	太宗を宗廟に陞祔。
文宗二年	（一四五二）	翼祖を永寧殿に祧遷。 世宗を宗廟に陞祔。
端宗二年	（一四五四）	度祖を永寧殿に祧遷。 文宗を宗廟に陞祔。
成宗元年	（一四七〇）	世祖を宗廟に陞祔。
成宗三年	（一四七二）	桓祖を永寧殿に祧遷。 睿宗を宗廟に陞祔。
成宗七年	（一四七六）	徳宗を宗廟に陞祔。
燕山君二年	（一四九六）	恭靖王（定宗）を永寧殿に祧遷。
燕山君三年	（一四九七）	成宗を宗廟に陞祔。
明宗元年	（一五四六）	宗廟四間を増築（十一間）。 中宗を宗廟に陞祔。
明宗二年	（一五四七）	仁宗を宗廟に陞祔。

〈宗廟年表〉

宣祖二年（一五六九）	明宗を宗廟に陞祔。文宗を永寧殿に祧遷（年月未詳）。
宣祖二十五年（一五九二）	宗廟焼失。永寧殿焼失。
光海君即位年（一六〇八）	宗廟重建（十一間）。永寧殿重建（十間）。
光海君二年（一六一〇）	徳宗・睿宗を永寧殿に祧遷。宣祖を宗廟に陞祔。
仁祖十三年（一六三五）	元宗を宗廟に陞祔。
孝宗二年（一六五一）	仁祖を宗廟に陞祔。
顕宗二年（一六六一）	仁宗・明宗を永寧殿に祧遷。孝宗を宗廟に陞祔。
顕宗八年（一六六七）	永寧殿二間を増築（十二間）。
粛宗二年（一六七六）	顕宗を宗廟に陞祔。
粛宗二十四年（一六九八）	端宗（魯山君）を永寧殿に陞祔。
景宗二年（一七二二）	元宗を永寧殿に祧遷。粛宗を宗廟に陞祔。
英祖二年（一七二六）	宗廟四間を増築（十五間）景宗を宗廟に陞祔。
正祖二年（一七七八）	英祖を宗廟に陞祔。真宗を宗廟に陞祔。
純祖二年（一八〇二）	正祖を宗廟に陞祔。

憲宗二年（一八三六）	宗廟四間を増築（十九間） 永寧殿四間を増築（十六間）
憲宗三年（一八三七）	純祖を宗廟に陞祔。 翼祖（文祖）を宗廟に陞祔。 景宗を永寧殿に祧遷。
哲宗二年（一八五一）	憲宗を宗廟に陞祔。 真宗を永寧殿に祧遷。
高宗三年（一八六六）	哲宗を宗廟に陞祔。
高宗光武三年（一八九九）	荘祖を宗廟に陞祔。
大正十年（一九二一）	高宗を宗廟に陞祔。 荘祖を永寧殿に祧遷。
昭和三年（一九二八）	純宗を宗廟に陞祔。
一九七三年	英親王（懿愍皇太子）を永寧殿に陞祔。

あとがき

授業で宗廟の話をして学生にその感想文を書かせると、少なからぬ数の学生たちは必ずこれを「お墓」と勘違いしていることに気付かされる。教師の教え方も悪いのであろう。何度かそのような経験を繰り返した私は、先回りして宗廟と陵墓との違いを次のような例え話で説明するようになった。

——今は仏壇のない家庭も多くなったが、田舎のほうに行くと、大抵の家には仏壇がある。お盆にお墓参りを済ませると、家に帰って改めて仏壇に線香を上げるが、宗廟というのは、たとえばお墓に対する仏壇のようなものだ。

もちろん、仏教式の仏壇と儒教式の宗廟とでは、その前提となる宗教観が根本的に異なっているが、ひとまずお墓ではないということを理解してもらうにはこれで充分であろう。「なるほど、よくわかった」という感想文を提出してくれる学生の数も多くなったが、本当のところ、どこまで理解してくれているのかは保証の限りではない。

本書は筆者が奉職する大学の共通教育、いわゆる一般教養科目の授業において、かつて講義した内容を大幅に補充して一冊にまとめ上げたものである。一般教養科目の授業においては史料の原文を講読することができない。講読したところで、ほとんどの学生にとっては理解不可能であろう。そこのところをうまく導きながら、どこまで理解させることができるのかが教師としての腕の見せ所であるが、口で言うほどたやすいことではないことは、毎度毎度いやというほどに実感している。

そもそも、宗廟の話などを聴いて一体何の役に立つのかという質問に対しては、われわれの存在そのものが祖先と繋がっていること、そうして祖先の生活・文化を支えていた東アジアの伝統文化——宗廟もまたその一環である——を理解することなしには、近代以降に受容してきた西洋の文明を止揚した形の新たな伝統文化を築き上げることもできないとだけ答えておくことにしよう。

それにしても、儒教の「礼」を徹底的に実践してきた韓国・朝鮮の伝統文化と、それを単なる知識として受け入れてきたわが日本国の伝統文化とには相当な違いがある。その違いをはっきりと認識することもまた、相互の友好関係を築き上げるための一助となるであろうことを期待したい。

本書の蛇足として一言申し添えた次第である。

二〇一六年十一月

著者

索　　引
（五十音別・筆画順）

あ行

か行

さ行

た行

な行

は行

ま行

や行

ら行

矢木　毅（ヤギ　タケシ）

1964年富山県生まれ。京都大学文学部卒業。京都大学博士（文学）。京都大学人文科学研究所教授。専攻は朝鮮中世近世史、特に政治史・政治制度史の研究。主な著書に『韓国・朝鮮史の系譜―民族意識・領域意識の変遷をたどる』（塙書房、2012）、『高麗官僚制度研究』（京都大学学術出版会、2008）などがある。

韓国の世界遺産　宗廟
王位の正統性をめぐる歴史

京大人文研東方学叢書 1

平成二十八年十一月三十日　初版発行

著　者　矢　木　毅
発行者　片　岡　敦
印刷製本　尼崎印刷株式会社

発行所　株式会社 臨川書店
606-8204 京都市左京区田中下柳町八番地
電話（〇七五）七二一-七一一一
郵便振替　〇一〇七〇-二-八〇〇

落丁本・乱丁本はお取替えいたします
定価はカバーに表示してあります

ISBN 978-4-653-04371-3　C0322　© 矢木 毅 2016
［ISBN 978-4-653-04370-6　セット］

京大人文研東方学叢書　刊行にあたって

第一期世話人　冨谷　至

京都大学人文科学研究所、通称「人文研」は、現在東方学研究部と人文学研究部の二部から成り立っている。前者の東方学研究部は、一九二九年、外務省のもとで中国文化研究の機関として発足した東方文化学院として始まり、東方文化研究所と改名した後、一九四九年に京都大学の附属研究所としての人文科学研究所東方部になり今日に至っている。

第二次世界大戦をはさんでの九十年間、北白川のスパニッシュロマネスクの建物を拠点として東方部は、たゆまず着実に東方学の研究をすすめてきた。いうところの東方学とは、中国学（シノロジー）、つまり前近代中国の思想、文学、歴史、芸術、考古などであり、人文研を中心としたこの学問は、「京都の中国学」、「京都学派」と呼ばれてきたのである。今日では、中国のみならず、西アジア、朝鮮、インドなども研究対象として、総勢三十人の研究者を擁し、東方学の共同利用・共同研究拠点としての役割を果たしている。

東方学研究部には、国の内外から多くの研究者が集まり共同研究と個人研究をすすめ、これまで数多くの研究成果を発表してきた。ＺＩＮＢＵＮの名は、世界のシノロジストの知るところであり、本場中国・台湾の研究者が東方部にきて研究をおこなうということは、まさに人文研東方部が世界のトップクラスに位置することを物語っているのだ、と我々は自負している。

夜郎自大という四字熟語がある。弱小の者が自己の客観的立場を知らず、尊大に威張っている意味だが、以上のべたことは、夜郎自大そのものではないかとの誹りを受けるかもしれない。そうではないことを証明するには、我々がどういった研究をおこない、その研究のレベルがいかほどのものかをひろく一般の方に知っていただき、納得してもらう必要がある。

別に曲学阿世という熟語もある。この語の真の意味は、いい加減な小手先の学問で、世に迎合するということで、その逆は、きちんとした学問を身につけて自己の考えを述べることであるが、人文研の所員は毫も曲学阿世の徒にあらずして、正学をもって対処してきたこと、正学がいかに説得力をもっているのかも、我々は世にうったえて行かねばならない。

かかる使命を果たすために、ここに「京大人文研東方学叢書」を刊行し、今日の京都学派の成果を一般に向けて公開することにしたい。

（平成二十八年十一月）